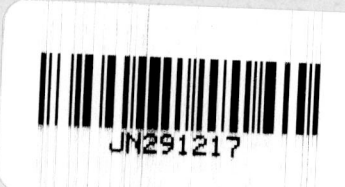

先生教えて！

はじめて学ぶ 会計のしくみ

立教大学教授　**大橋 英五**著

唯学書房

はしがき

会計と私たちの暮らしは大きくかかわっています。会計は、会計の専門家のためだけのものではありません。本書では会計と、会社(企業)、経済、社会、また私たちの暮らしとのかかわりについて考えてみました。

暮らしのなかで、会社（企業)、経済、社会についてのフシギなことはありませんか。きっと、すでに中学生のころからちょっとした疑問、フシギなことがあったのではないでしょうか。会計のしくみを学ぶことで、こうしたフシギについて会計の視点から考えましょう。

会計は、会社（企業）の活動を記録して報告書にまとめます。その記録や報告書のつくり方、まとめ方は独特のしくみです。そのしくみは、会社の行う活動をうまくとらえることができるように長年かかってできあがってきました。

会社（企業）はさまざまな業種で、また規模もさまざまで、互いに競争しながら活動しています。会社はこの会計を利用することによって、自分たちの活動を整理し、分析して競争をのりこえていこうとするのです。また他方で、会計は一般の社会に公表されますので、この資料によって、私たちは会社どうしの状況や、経済全体の動向、また私たちと会社（企業)、経済のかかわりを分析することができるのです。

会計の勉強が、たんに計算のしくみを勉強することだけでおわるのではなく、会社（企業)、経済、社会のなかで会計がどのようにかかわっているかを考えることが大切だと思います。

本書は、会計についてはじめて学ぶ人たちに、会計のしくみをわかりやすく説明しました。中学生、高校生、大学生、ビジネスマン、さらに現役を引かれた高齢の方、また主婦など、会計の知識はとぼしくても、会計に少しでも関心があるすべての人たちに本書を読んでいただきたいと思っています。

2007年5月

著者

【目次】

第4章 ものの値段はどうやって決まるの？
――原《げん》価《か》計《けい》算《さん》のはなし

第3部
会計を使って
会社の活動をみてみよう!
(応用編)

第5章 会計でわかる会社のこと

第6章　企業のフシギな活動と会計

第4部
これから会計を学ぶ君たちへ

第7章 会計のプロってどんな仕事？

第8章 いま、会計で何が問題なの？

コラム

第1部
会計ってこんな世界だ！

第1章

会計って何の役に立つの？

①

簿《ぼ》記《き》って何？

● 企業の大きな目的は「お金を儲《もう》ける」こと

私たちは生活するために必要なものを生産し、流通させ、それを消費しています。この活動は社会的な規模で行われ、これを経済活《けいざいかつ》動《どう》といいます。それぞれの人はこのしくみのなかに何らかのかたちで組み込まれて生活しています。自給自足的なせまい範囲での生産・流通・消費の活動から、より大規模にものを生産したり、より広い範囲で流通されるよう発展します。それにともなって、それぞれの活動は、個々の人々によって専門的に行われるかたちから、ある個人が何人かの人を雇《やと》って行うかたちへと変化し、さらに、多くの人たちからお金を集めて共同で行われるようになります。

生産・流通の活動は大規模に、広い範囲にわたって行われるようになるのにともなって、その担い手はより多くのお金を準備し、またより多くの人を雇うことになります。こうした生産や流通の担い手の活動を、営業活動《えいぎょうかつどう》とか企業活動《きぎょうかつどう》といいます。

この営業活動の最も大きな特徴は、この活動によって儲《もう》け（会計では利益《りえき》といいます）をあげることです。営業活動によって儲けをあげて、その担い手たちは少しばかりのぜいたくをしますが、しかし基本的にはその儲けを再び営業活動の元手《もとで》に追加して、より大規模に活動しなければなりません。もし、儲けの全部を浪費《ろうひ》してしまったとすると、営業の規模を拡大できず同業の競争相手との競争に負けてしまうことになるのです。

簿記の役割

① 企業の活動を記録・監視する

↓

② その記録をもとに、利益を計算する

簿記は企業の利益を計算する

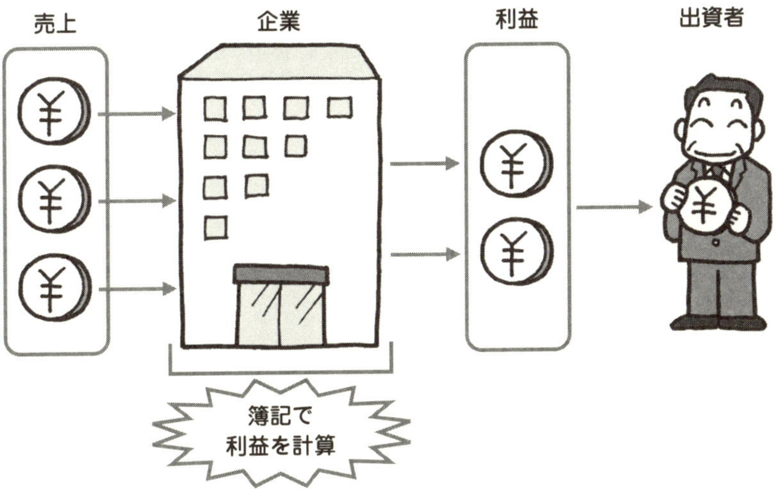

さて、営業活動は、多くの人々によって担われ、多くの品物を取り扱い、しだいに大規模に行われるようになります。そして、なるべく大きな儲けをあげるようになされなければなりません。

● 簿《ぼ》記《き》の役割は企業活動の「記録」と「監視」

そこで、こうした経営の活動をとどこおりなく、まちがいなく、また不正がないように記録して、管理する必要があります。このた

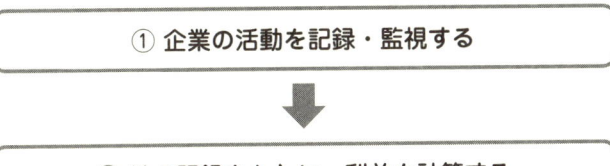

めの記録と監視が簿記《ぼき》です。

たとえば、いつ、どの商品をどれだけ売って代金をいくら受け取ったか。また、いつ、誰に、いくら借金をして、現金がどれだけ増えたか。あるいは、売るための商品をいつ、どれだけ仕入れていくら支払ったか。これらの記録にもとづいて、たとえば現金はいくらあるのかを知るのです。

でも、もし記録のうえで、あるべき現金の額と実際にある現金の額がちがっていれば、何らかの記録のまちがいか、場合によっては不正があったことになります。

現金にかぎらず、仕入れた商品や原材料についても同じことがおこります。簿記は営業活動において財産を管理する大切な役割をもっているのです。

また、営業活動が大規模になるために、多くの資産家たちからお金を集めることになりますが、このお金を出してくれた人たち（出《しゅつ》資者《ししゃ》たち）に、出資額に応じて儲けを分配しなければなりません。元手が複数の人たちによって出資されると、その成果としての儲けは一緒に出資した人たちに出資した額に応じて分配されます。もし損失がでれば、出資の一部は返ってこなくなるかもしれません。元手を出すということは、お金を貸し付けて定められた利息を得るのとは違い、成果として儲けの分配を得ることができます。その額は、営業活動の結果次第です。そのためには、どれだけの儲けがあったかを計算する必要があります。

簿記では、日常的な営業活動についての記録をもとに、これを集計・整理して、儲け（利益）を計算するのです。

簿記は、営業活動の状況を記録して、集計し、利益を計算します。そしてこの記録・集計の結果にもとづいて自分たちの営業の活動をとどこおりなく、まちがいなく、不正なく、また効率的に実践していくことができるのです。

②

小遣《こづか》い帳と簿記は どこがちがうの？

● 小遣い帳は「支出の管理」をするもの

私たちは、古くからいろいろな記録・計算をしてきました。たとえば縄文、弥生時代にも食料としてたくわえられた穀類の状況などの記録は大切であったでしょう。記録・計算は私たちの生活とともに古い歴史をもっています。

私たちの身近な小遣《こづか》い帳、家計簿の記録もそうした計算の1つです。たとえば、小遣い帳では親からもらった5,000円をどのように使ったかを記録して、無駄のないように管理します。またクラブ活動の部費の支出も同じように記録します。しかし、これらの記録は一定の収入をどのように支出したかの計算であって、つぎに説明する簿記《ぼき》の計算とは大きくちがっています。

簿記は企業の活動を対象とした記録・計算です。そして企業活動の内容が簿記の記録・計算の内容を特徴づけることになります。企業活動は個人の消費活動とはちがって、投下した元手《もとで》（簿記では資《し》本《ほん》といいます）を増加させることを目的としています。

営業活動を行っている個人をとってみても、その計算は投下した元手を増加させるための営業活動の計算と、一定の収入をどのように支出したかを管理する私生活の計算は区分されるのです。

このような営業と私生活の区分は、日本では江戸時代から店《たな》（営業）と奥《おく》（家計）という区分でなされてきました。「店」は商人たちであればお店《たな》であり、その家の主人が中心となって営業活動を営むところです。一方、「奥」は奥さんが中心となって家庭生活を営むところです。主人の実際の生活としては区分できないかもしれませんが、営業活動を統制し、管理するための簿記では、この区分がまず明確になされることになります。もしそうでなければ、たとえば大きな損失がでた場合に、それは私生活の浪費から生まれたのか、営業の失敗から生まれたのかが曖昧《あいまい》になり、その後の営業活動を考えるうえでこの記録は役立たなくなってしまうからです。

そして、営業の形態が個人企業からみんなが出資して運営されるようになると、いっそうのこと営業は個人的な性格から切り離されて独自の人格（法人格《ほうじんかく》）をもつようになります。こうしたなかで営業活動の記録・計算は独特の構造をつくりあげることになります。

● 簿記はお金の「出どころ」と「使いみち」を示すもの

簿記は一定の方法で記録し、集計します。この記録・集計の方法は、後に説明しますように基本的には誰がどれだけ出資したかというお金の出どころと（簿記ではこれを資本《しほん》といいます）、それを営業活動にどのように運用しているかというお金の使いみち（簿記ではこれを資産《しさん》といいます）の両側面からとらえます。簿記は、この投下した額とそれを営業活動に使った額、さらに集めた資金を営業活動に使って前より大きくした額（儲《もう》け）を計算するしくみです。

このように簿記は、元手として投下した額と営業活動のために使った額というように記録・集計を二重に行います。簿記のことを複式簿記《ふくしきぼき》（double-entry bookkeeping）というのはこのためです。簿記は、営業活動の実態に対応してできあがった独特な計算の構造をもっているのです。

ちなみに、小遣い帳、家計簿を、複式簿記と対比して単式簿記《たんしきぼき》といったりします。でも一般的には、簿記は企業の行う複式簿記のことをいいます。

小遣い帳と簿記のちがい

小遣い帳のしくみ

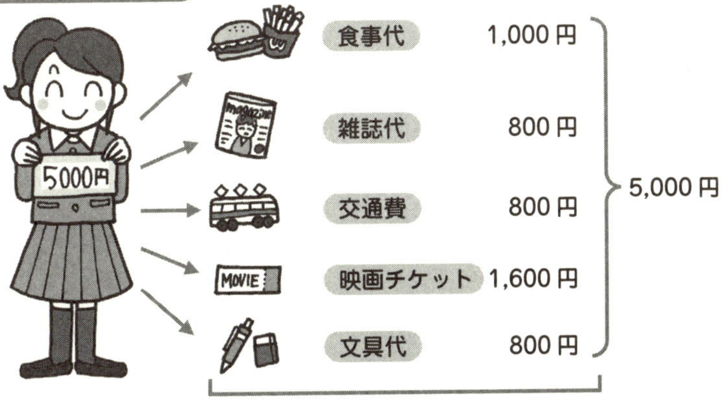

小遣い帳＝お金の使い方（支出）を管理するもの

簿記のしくみ

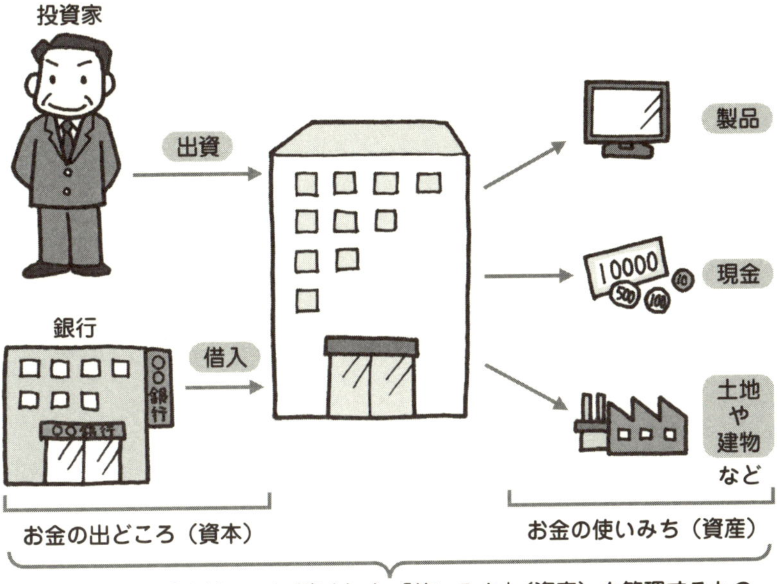

簿記＝お金の「出どころ」（資本）と「使いみち」（資産）を管理するもの

③

簿記と会計はどこがちがうの？

● 簿記も会計も基本的な役割は同じ？

前の節で、簿記《ぼき》（複式簿記《ふくしきぼき》）について説明しました。それでは会計は何なのでしょうか。ここでは、簿記と会計がどのようにちがうかについて説明しましょう。

簿記は営業活動を記録し集計して、その結果にもとづいて活動を管理し、全体として統制するという役割をはたしています。会計もこれと同じ役割をはたしていますが、さらに新しい役割を担うことになります。

● 簿記にはない会計の役割とは？

営業活動は、なるべく大規模になされることによって、効率的な運営ができます。大規模に運営するためには、おおきな元手《もとで》（会計ではこれを資本《しほん》といいます）が必要です。大きな元手を集めるために、多くの人たちから元手を集めるしくみがつくられました。後で説明する株式会社制度《かぶしきがいしやせいど》がそれです。この制度では、会社（企業）に元手を出すにあたって、その額を小さくこま切れにして証券化《しようけんか》します。この証券（株式）と引き換えに、出資者《しゆつししや》は、自分の資金力に応じて株式を手に入れるというかたちで出資します。さらに、これらの出資の証《あかし》しである株式が証券市場で自由に売買されるしくみができあがりました。このようなしくみのもとで、営業活動はとてもさかんになったのです。

簿記と会計のちがい

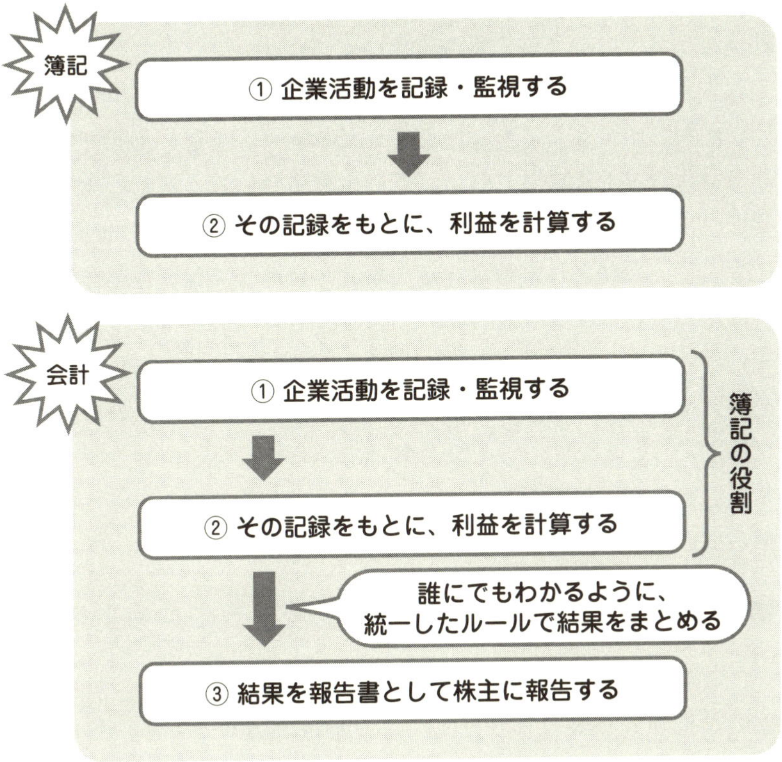

会社に出資することによって、出資者（株主《かぶぬし》）は、会社があげた儲《もう》け（利益《りえき》）を、出資した額に応じて分配にあずかることになります。これを配当《はいとう》を受け取るといいます。出資者は会社の配当を期待して出資しますから、そのもととなる利益の額に大きな関心をもちます。

そうすると、会社はいったいいくらの利益をあげたかを正確に、公正に多くの株主たちに知らせることが必要となってきます。それまでの簿記での限られた範囲の人たちからなる出資者への利益の額などについての報告から、より多くの株主に報告することになりました。

こうなると、どの会社も同じようなやり方で日常的な記録をし、同じようなやり方で報告書をつくる必要がでてきます。もし、各会社がバラバラのやり方で報告書をつくったならば、それぞれの会社の報告書を比較することができなくなって、どの会社に出資したらいいか判断ができなくなってしまうでしょう。また、公正でないやり方で報告書が作成されれば、その会社についての判断をあやまらせて、場合によっては出資者に大きな損失をもたらしてしまいます。

そこで、会社が日常的な記録を集計・整理して報告書を作成するにあたっての公正なやり方はどのようなものであるべきか、つまり、報告書の作成についての原則が定められることになりました。これを会計原則《かいけいげんそく》の設定といいます。したがって、会計は多くの株主、また株主にとどまらずお金を貸し付けている銀行などに対して会社の状況を報告する、みんなに知らせる、つまり公表するという役割を担っています。

●「報告書作成のルール」を整理するのが会計学

ところで、会計の報告書をどのように作成すべきかについての理論的な整理が必要となります。この整理が会計学《かいけいがく》です。欧米では1920～30年ごろになると会計学が発生しました。このころになると会社（企業）の規模が飛躍的に大きくなります。大規模になると、会社の儲け（利益）を計算するにあたっていくつかの問題がおこってきました。

たとえば、後で説明しますように、機械などの設備が大規模になって、その額が計算のうえで大きな割合を占めるようになります。このことを毎年の利益の計算にどのように組み込むかが課題となります。また、会社どうしの取引が、そのつど現金によって決済されるのではなく、後払いになって、取引の状況と現金での決済《けつさい》（お金の受け渡しのこと）がズレるようになります。このことをどう計算のうえで考えるか。このような新しい課題がでてきます。これらの課題に答えつつ、会社の利益はどのように計算され、また公表されるべきかを会計学は明らかにする役割を担ってきました。会計学は会社が公表する会計の報告書をどのように作成すべきかについての理論的な整理を担ってきました。

簿記は会社の営業の状況を記録し、整理して管理する役割を担っていますが、会計は、こうした役割に加えて、記録・集計の結果を公表するという役割をもっています。このように会計は簿記の役割から広がっていますが、会計は簿記を前提にしていますから、いっしょにして簿記・会計あるいは簿記（会計）というように表現することもあります。

ところで、会社が会計の報告書を公表することはどのような意味、役割、課題をもっているのでしょうか。このことを考えるにあたっては、何よりも実際の会社の会計を分析することが大切です。本書では、現実の会計の実態をみながら会計、会計学について考えることにしましょう。

④

簿記（会計）は誰が何のために考えたの？

● すでに中世には世界中にあった簿記（会計）

会社（企業）で行われる複雑で難しそうな簿記《ぼき》（会計）は、いつ、誰が、どうして考えたのでしょうか。会計のことを考えるにあたって、まずこのことを考えてみましょう。

簿記（会計）は、あるとき誰かが考え出したというようなものではありません。会計は14～15世紀ごろに、その当時の手工業者や商人たちが商業活動を行うなかで、自然にできあがってきたものです。封建社会の終わりごろに資本主義的な商業活動がさかんになるのにともなって、商業活動の担い手たちによってじょじょに成立しました。

ところで、今日のような資本主義社会では営業活動を行うための土地、機械などの財産は個人または個人の集まりである会社によって所有され、結果としての儲《もう》けである利益《りえき》はそれらのものになります。でも、封建社会では、たとえば江戸時代の主な生産物である米をつくるための土地は領主（大名）のもので、農民は米の大部分を領主におさめました。でも、しだいに個人の財産による経済活動がさかんになり、資本主義社会へと発展してきました。

簿記（会計）の最も古い記述は、1494年にイタリアのルカ・パチオリというお坊さんが『算術、幾何・比および比例総覧』という数学の本のなかで書いたものといわれています。そのため簿記（会計）は、このお坊さんが発明したのだという人もいますが、これは

昔から世界中に簿記はあった

朝鮮　イタリア　日本　ドイツ

まちがいです。当時の商人たちの活動のなかでの記録、計算のしかたを本のなかにまとめたにすぎません。

実際に、歴史的に商業活動が一定の発展段階をへて、封建時代の終わりごろになると、イタリアだけでなくドイツ、朝鮮、日本の各地で簿記が行われたという資料があります。日本では後に説明するように江戸時代の商人たちによって簿記（会計）が行われています。

さて、なぜ商業活動が一定の段階に発展すると簿記（会計）でその活動を記録し、計算して報告書を作成するようになるのでしょうか。それは、商業活動が難しくてなかなかその目的を実現しにくいからです。

商業活動あるいは会社の活動は、商業ならばなるべく安く仕入れて、なるべく高く売って利益をあげます。その際、仕入れるときは相手は高く売りたいのです。一方、売るときは相手は安く買いたいのです。

また製造業ならばなるべく安く原材料を仕入れて人を安く雇って製造し、できあがった製品をなるべく高く売りたいのです。原材料を売る人、雇われる人、製品を買う人とはまったく逆の立場です。こうした活動を、同業者と競争しながら行います。

● 会計は会社の健康を測定するバロメーター

この競争に勝ちぬくためには、後に説明しますように、なるべく営業の規模を大きくするなどの工夫が必要となります。しかし、いずれにしろ、立場によって利害が相入れない活動が、どのように進んでいるかを正確に知ることが、競争に勝ちぬく第一歩です。

営業活動と簿記（会計）のかかわりを、私たちの体にたとえてみましょう。私たちは、最も基本的には、食べ物を手に入れて体を維持しています。ただ、私たちの体が健康な状態であるかどうかはっきり自覚できないことがあります。

そこで、春の健康診断とか定期的に1日人間ドックなどの健康診断を受けます。そこで、何らかの問題が見つかれば、「夜更かしをしない」あるいは「食事を規則的にとる」など生活のしかたを改めなければなりません。また時には、薬や手術などによって治療を受けることになるでしょう。

ところで、会社での営業活動を行うための財産、資産は体です。また、私たちの生活は、会社では企業活動そのものです。春の健康診断は、会社では簿記、会計による営業活動の記録・計算による報告書の作成です。また健康診断の結果にもとづく生活の改善や治療は、会社では「どれが売れ筋の商品か」また「どの費用を節約しなければならないか」など、その営業の状態を判断、分析するための大切な資料になります。この判断にもとづいて経営者は具体的な戦略を実施することになります。

会計は企業の健康状態を知るバロメーター

会社の運営は、利害の立場が異なる相手との取引を、厳しい競争のなかで進めます。このためには、自分たちの営業活動の状況を正確に知ることが、大切になるのです。

● 会計はスムーズな企業活動に欠かせない

このようにみてきますと、簿記（会計）は、もうすでに15～16世紀の中世のころには、商業活動が活発になり、商業活動を担う人たちによって自分たちの活動をとらえて、とどこおりなくスムーズに行うためのものとして成立してきたことがわかります。

ところで、以上のような会計は、営業活動を担う経営者が、営業活動を管理、統制するためのものです。会計はこのためのものとして発展してきました。しかし、つぎに説明しますように、会計は社会に公表されます。公表される会計は、何のために公表され、何がわかるのでしょうか。つぎに考えてみましょう。

⑤ 会計は誰の役に立っているの？

● 会計の情報に関心をもっているのは誰？

会計は、基本的には営業活動を管理し全体的にスムーズに行うために成立しました。そして、この会計の役割は今日においても同じです。しかし、今日では会社（企業）への出資《しゆつし》が広く一般の人たちからなされるようになり、その結果、大きな会社の会計の報告書も公表されるようになりました。会計の報告書が公表されて、誰でもみることができる、誰でもそれを分析することができるようになっています。では、どういう人たちが、何のために利用するのでしょうか。

会計の報告書が公表されると、まず第1に関心をもつ人たちは、この会社に出資している人たちです。会社には、多くの人たちが株《かぶ》主《ぬし》としてその会社に出資しています。出資者にとっては、自分の出資した会社が儲《もう》け（利益《りえき》）をどれくらいあげて、そのうちどれくらいを自分たちに配当《はいとう》として分配してくれるかが大きな関心事です。

また会社の会計の報告書によって、自分のもっている株式の価格は大きく変動します。業績が良ければ上がりますが、悪ければ下落してしまいます。会社の売上や利益の様子は、投資家に会社が儲かっているか、借金が多すぎて返せなくなってしまわないかなどの、経営の状況を知らせます。

つぎに、会計の報告書は、その会社にお金を貸している銀行やその他の債権者《さいけんしや》（資金を貸付《かしつけ》している人）に利用されます。今日の会社は、経営のための資金（お金）を集めたり、また日常的な営業活

会計の情報を知りたい人たち

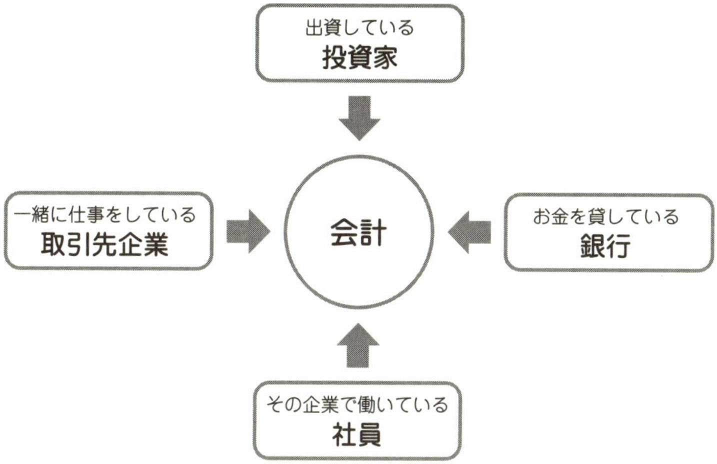

動でのお金の支払いや受け取りなどのときに銀行と深くむすびついています。銀行を利用しないで営業活動はできないといってもよいでしょう。とくに、お金(資金)の融資《ゆうし》では銀行に依存しています。そうすると、債権者としての銀行は資金の貸付先である会社の会計の報告書によって、その会社の売上や利益、さらに貸し付けた資金を本当に返せるかどうかを判断することになります。

また、会社との取引先も、取引相手の会計報告書を分析します。たとえば商品を取引相手に納品して、代金が回収できなくなってしまわないかを、はっきりと見定める必要があります。さらに会社の従業員にとっても会社の状況を知ることは大切なことです。

● 会計から日本全体の経済も見えてくる

以上のような、会社の外から会計報告書を利用するほかに、会計の報告書は、経済、産業活動の1つの単位としての会社の状況を示すという意味をもっています。つまり、会社一つひとつの会計報告の資料が集計されて、1つの産業の動向を示すことになり、また産業についての資料は集計されて、日本の経済全体の動向を示すことになります。たとえば1つの企業の元手《もとで》（資本《しほん》の額）、商品を売り上げた代金（売上高）、儲け（利益）の大きさはその産業の資本額、売上高、利益の額に集計され、さらに経済全体の額に集計されます。こうした資料の分析によって、ある産業が経済全体のなかで繁栄しているか衰退しているかの状況がわかります。また日本の会社全体の動向から経済全体の動向を分析することができるのです。

● 消費者の利益や従業員の権利も守る強い味方！

さらに、一般の消費者、従業員の生活を守る視点から会計が利用されることを指摘しましょう。たとえば、公益《こうえき》交通料金である私鉄の料金は私鉄各社の申請によって国土交通省の認可で決定されています。その他にも、電気料金、ガス料金など公益料金の決定について、それらの企業の会計報告書の分析によって、これらの料金設定が適正かどうかについての分析が進められます。また、それぞれの企業の営業状況の分析によって従業員の立場から給与の水準が適正であるかどうかについての分析、さらに下請《したうけ》企業が親会社に製品を納入するときの単価は適正か、また私立学校の授業料の水準は適正かどうかの分析が、公表される会計の報告書からなされる必要があります。会計の報告書は、広く企業といろいろなかたちでかかわっている人たちにとって利用されるべきものです。

企業は多くの人たちとかかわって成り立っています。企業とかかわって支えている人や機関をステークホルダー（利害関係者《りがいかんけいしゃ》）といいます。これまで説明してきました出資者、債権者、取引相手、働いている従業員や労働組合、消費者、また地域の人たち、さらに行政機関などがそれにあたります。企業はこれらのステークホルダーに適正な情報を提供する義務があります。

第2章

ボクが会計学を学んだ理由

① 中学生のころの父への質問

● 父の経営する工場からわかったこと

私の子どものころの名古屋では瀬戸《せと》、岐阜県の多治見《たじみ》や中津川《なかつがわ》などで焼かれた無地の洋陶器にうわ絵付けをして、名古屋港からアメリカ、ヨーロッパなどに輸出する産業がとてもさかんでした。こうした産業は大正期のころから発展してきました。名古屋でつくられた輸出用の洋食器は、18～19世紀ごろのヨーロッパのとてもきれいな食器をコピーしたうわ絵付けです。私の実家は洋食器のうわ絵付けの仕事をしていました。

私の小学生、中学生のころは、父の仕事はとても繁盛《はんじよう》していました。土曜日、日曜日にも工場は休みはほとんどなく、夜遅くまで稼《か》働《どう》していました。父はとても大変そうでした。

そこで、私は、中学生の社会科で習ったばかりの知識を動員して、父に質問しました。「お父さん、もっと大きな工場をつくって、大量生産したらどうなの？」と。中学校で、とくにアメリカでは大量生産によって効率的な生産ができて、かかった費用《ひよう》（コスト）が削減されてどうとか、という話を聞いたからです。

父は、ニコッとして、少し時間をおいて答えてくれました。「工場を大きくすることはできるが、景気が悪くなって、注文が減ったら、費用がかかって大変なことになるんだよ」と。実際にその後、景気の変動のなかで注文が減って老舗《しにせ》の企業がいくつか倒産したとの話を聞きました。

● 大工《だいく》さんの仕事からわかったこと

また、家の増築、新築のときに大工さんたちの仕事をみているのが大好きでした。あきることはほとんどありませんでした。しばらくして、気づきました。工事を請《う》け負《お》っているのは、大工さんの棟《とう》梁《りょう》の高松建設という会社でしたが、高松建設の人は数人です。古い建物の解体作業も、左官の仕事も、もちろん水道、ガス、電気工事も、それぞれの別の独立した職人さんが仕事をします。

そこで、また父に質問しました。「お父さん、どうして高松さんは、自分で職人さんを雇って仕事をしないの？　そうすれば仕事が増えるのに」と。父はまたニコッとして、「高松さんは、仕事がいつもたくさんあればいいが、仕事が減ったときに、多くの職人をかかえて売上は減るのに職人さんの給料などの費用がかかって、大変なことになるんだよ」。建設業では仕事を下請《したう》けの企業に発注すること

大工さんの仕事はいろいろな人に支えられている

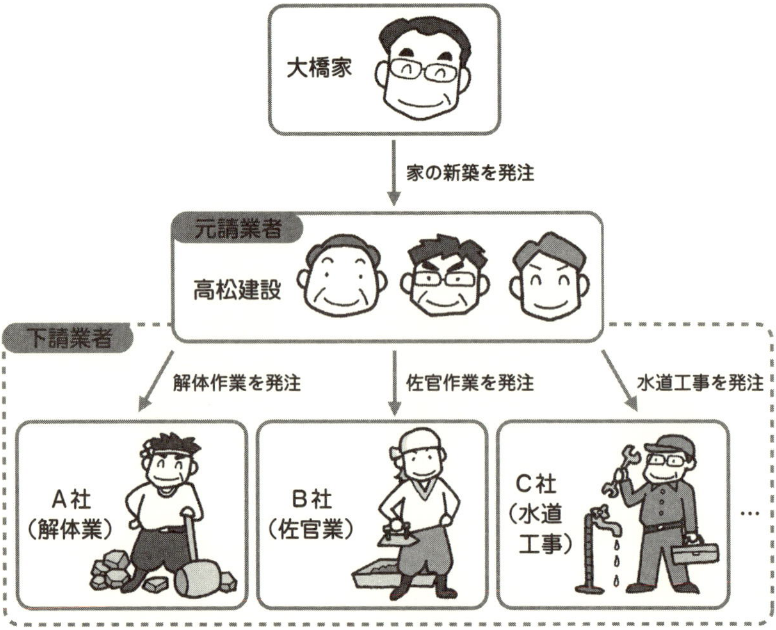

は一般的で、建設業の大手である大成建設では同社が行った工事の77%は、実際には関連の下請会社に再発注して行っているのです。

私の中学生のころの父への質問を思い出しながら、「中学生になると企業の経営についても、もう大人が考えるようなことを考えるようになるのだ」「私たちは意外に早く中学生のころから大人を始めているのだ」と思うのです。そして、会計学や経営学に関心をもつようになったのは、このころからのものであるのだろうと思うのです。

みなさんも、経済、経営、会計についてのちょっとした疑問はありませんか。きっとそれは、どれもこれからじっくりと勉強してみる価値が十分にある、おもしろい課題だと思いますよ。

② 江戸時代の日本に西洋と同じ簿記があった

● 福沢諭吉《ふくざわゆきち》が日本に紹介した西洋の簿記

実は、私、何となく会計学の勉強をしようと、大学院に進みました。そこで、はじめて日本でどのように会計が発展したかについて知りました。それまで簿記《ぼき》、会計は、明治維新《めいじいしん》以降に西洋から導入されたものだと思っていました。ところが、もう江戸時代の商人たちは、当時の西洋で行われていたのと、同じ会計をしていたのです。とても興味がわきました。

複式簿記《ふくしきぼき》がどのように成立したかについて考えてみましょう。すでに説明しましたが、通説では、15世紀の商業活動がさかんであったイタリアの商業都市ヴェネチアで出版された書物が有名で、ここから始まるとされています。しかし、それ以前にも簿記についての帳簿《ちょうぼ》が残されているのです。

ところで、日本への複式簿記が西洋から伝わったのは、本格的には明治6（1873）年の福沢諭吉《ふくざわゆきち》によるブライアント、ストラットン（Bryant and Stratton）の書物の翻訳書『帳合之法《ちょうあいのほう》』、また同じ年の大蔵省から刊行されたイギリス人銀行家アラン・シャンド（Alexander Allan Shand）の草案による『銀行簿記精法』に始まります。簿記はもっぱら西洋から伝えられたものだと思っている人が多いのです。たしかに、算用数字で横書きの簿記はそうですが、実質的な簿記の計算構造をみると、すでに日本の江戸時代には、かなり一般的に複式簿記の計算構造が成立していたのです。

● 日本にも江戸時代からあった複式簿記

その1つを紹介しましょう。江戸時代の1734（享保19）年に創業された江州《ごうしゆう》（滋賀県近江《おうみ》）・中井家の帳簿です。これを分析した小倉栄一郎という先生は、中井家の帳簿は複式簿記の構造をもった固有の簿記で、支店の管理や能率向上のための会計としての合理的な体系であることを指摘されています。

中井家では、創業当初は日野売薬（合薬《あわせ》）の行商を行っていましたが、10年くらいして、行商から定住商人化して、江州（滋賀県近江）に本家をおいて仙台などの地方に支店をもうける江州商人の定型となりました。この段階になると、西国（関西）より日野売薬、古手《ふるて》（古着）、木綿、米などを東国（関東）へ、東国より麻、大豆、紅花《べにばな》（染料）をもたらして交易を行いました。また後になると本業の商業とならんで、質屋、金貸業の金融業、さらに酒造業、しょう油醸造業、鋳物業、絞油業を営み、その活動は全国的な規模で行われました。こうした営業活動のなかで中井家の簿記体系がつくりだされていきました。

中井家では、多くの支店をもって、これを統一的に管理するために、それぞれの支店ごとに会計の報告書をまとめています。この報告書は「店卸《たなおろし》目録」といわれ、各支店から本家に送られて中井家全体の報告書にまとめられました。各支店の会計では、各支店への本家からの出資《しゆつし》分に応じた利益目標があたえられ、これを実現することが義務づけられていました。この目標が実現できないときは支店の支配人は弁償《べんしよう》させられたといいます。逆に多く利益をあげたときには「出世金《しゆつせきん》」などとして報償《ほうしよう》をあたえられました。

小倉先生は、中井家の会計の実態を研究されて、つぎのように評価されています。「中井家帳合の特徴はそれが合理的決算法であるということです。中井家の会計を西洋式簿記法にくらべてみると、

帳合之法

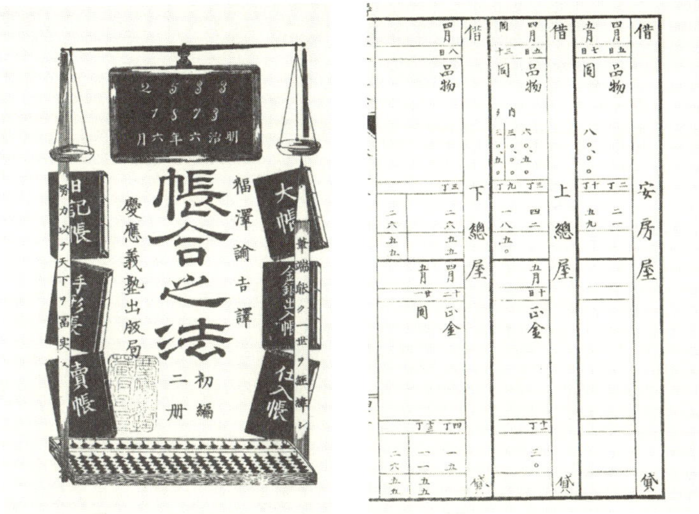

様式・用語は異なっていますが、基本構造では全く一致し、さらにその構造に盛られた会計の基本的な考え方はとても進歩していて、今世紀の会計学説とくらべても遅れているものでないことがわかります」。中井家の計算のしくみを、小倉先生は詳しく分析されています。私は大学院に入学してからこのしくみを一つひとつ勉強させていただきました。実際に小倉先生の研究を勉強させていただくと、「なるほど、日本にも江戸時代には西洋と同じ簿記が、西洋から紹介される以前にもあったのだ！　おもしろい！」と思いました。

複式簿記は誰かが頭の中で考え出した、発明したというものではなく、商業活動が発展してくると、その担い手の工夫のなかでごく自然に成立してくるものであることがわかります（詳しくは、小倉栄一郎『江州中井家帖合の法』ミネルヴァ書房、1962年を参照してください）。このことがとてもおもしろくて、私は、じっくりと日本の企業の会計について研究をしようと思ったのです。

③

学問は輸入するだけでいいのかな？

● 企業活動の規則性を考える会計学と経営学

私が会計学、経営学を勉強を始めたころは、会計学、経営学が体系的なかたちで成立して、まだ50年にも満たないころでした。新しい研究領域で、その内容の多くは、ドイツやアメリカの成果を日本へ紹介することでした。大学の講義もドイツ人やアメリカ人の学者の研究成果を紹介するものがほとんどでした。

ところで、学問は、一般的にはその必要性がなければ体系的なかたちで成立しません。たとえば、中世のころの学問の中心は、日本では仏教に関する研究ですし、また西洋ではキリスト教での神学に関する研究が中心的な課題であったといってよいでしょう。人々の生活がそれなりに安定してくると、人は、「人はなぜ苦労して生きていかなければならないか」「人はなぜ今ここにいるのだろうか」「世の中の人と人との関係はどうなっているのだろうか」などと疑問を感じ、考えます。

こうした疑問について論理的、体系的に整理した主張が教理としてあるいは学問として成立してきます。これは自然科学でも同じで、自分たちの生活はなぜ1年を基準に同じ季節がめぐるなかで暮らすのか、あるいは物質が燃焼するということはどういうことかが疑問となり、そういう疑問に答えるべく理論的な説明が天体学、化学などの学問として成立してくるのです。

また、このことは社会科学でも同じです。生産活動が活発になっ

会計学の目的

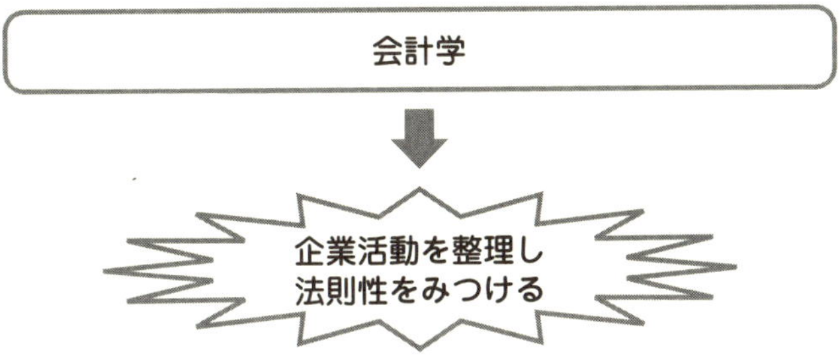
会計学
企業活動を整理し
法則性をみつける

日本の会計を研究する意義

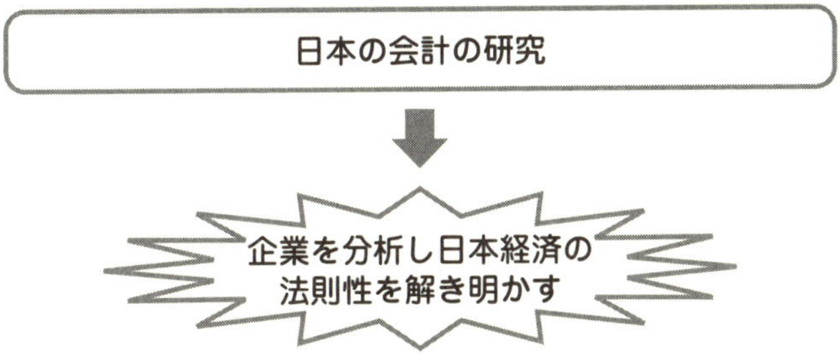
日本の会計の研究
企業を分析し日本経済の
法則性を解き明かす

てその流通、消費のしくみが複雑になってくると、それにともなって、資本主義社会を体系的に整理するために、経済学が今から100～200年くらい前から始まります。

また、同じように企業の規模が大規模になってくると、たんに今までの経験にたよって企業経営を実施していたものが、論理的、体系的に企業活動の動きを一定の方法で整理し、その活動の規則性、法則性をとらえようとします。これが会計学、経営学の誕生です。

●「日本独自の会計を勉強したい!」

ところで、アメリカやヨーロッパでは、今から60～70年くらい前の1920年ごろになると、生産活動が発展し、それまでの町工場くらいの規模での生産から飛躍的に大きくなります。それにともなって企業の経営のあり方、生産の管理、労働者の管理をどのようにするかが大きな課題になります。また大規模に生産するために、大量の元手《もとで》（資本《しほん》）をどのように集めるかなどの課題がでてきます。経営学、会計学はこうした状況のなかで誕生しました。会計学は多額の資本を集める制度としての株式会社制度（後で説明します）のもとで、株主たちに会社の状況を報告するための規則、考え方をどのように整理していくかを研究するものとして生まれました。

ところが日本では、企業の大規模化も、株式会社制度も遅れて進んだため、当初は、ヨーロッパ、アメリカから制度、理論を輸入することになったのです。日本では1920～30年ごろになるとヨーロッパ、アメリカでの経営学、会計学の書物はいち早く日本語に翻訳され紹介されました。新しい研究領域についての研究と輸入には大変な苦労があったことでしょう。でも、多くの人たちは、日本の企業は当時ヨーロッパ、アメリカに遅れているとはいえ、新しい制度や理論を導入することによって、大きく発展することができる可能性があることに気づいていたのでしょう。私が大学生になった1960年のはじめごろでも、そうした傾向はまだ色こく残っていて、大学の講義でも多くはヨーロッパ、アメリカの企業の事例でした。

でも、すでに1960年代には日本の企業、制度は大きく発展し、世界的な水準に近づいてきていたのです。そこで、私は「そうだ！これからは、日本の企業はどんな会計をやっているか、実際に分析してみよう！」「会計は、本当はどうなっているか、自分で確かめてみよう！」。これが私が会計学を勉強するきっかけになりました。そして、日本の企業の会計を40年間、研究しています。

第2部
会計の基本のキホンを学んでみよう！（基礎編）

第3章

会計ってどういうしくみなの !?
—財《ざい》務《む》会《かい》計《けい》のはなし—

①

栗《くり》1カゴと団栗《どんぐり》3カゴはどうやって比べるの？
——貨幣計算《かへいけいさん》のはなし

● 何日分の食料になるの？

突然ですが、縄文人になったと仮定しましょう。縄文人は基本的には採集生活なので、食料を求めて移動します。今、移動中の食料のたくわえとして、木の皮で編んだカゴのなかに栗《くり》1カゴと団栗《どんぐり》3カゴがあります。村の長《おさ》が1人の主婦を呼んで、「いつも村のために協力を惜しまず働いてくれるので、どちらかをあなたにあげましょう」といいました。さて皆さんなら、どちらをもらいますか。

主食としての栗と団栗ですから一家の主婦は慎重に考えます。栗は甘くて食べやすく、カロリーが高いので、1カゴで家族の2日分の食料になります。一方、団栗は、渋みがあって、渋を取り除くのに水にさらしたりして手間がかかります。でも3カゴもあれば3日分の食料になるのです。そこで、堅実な主婦は3日分の食料として団栗を手に入れました。この場合、主婦は、何を計算したのでしょうか。栗と団栗といった異なった食料品を、味や調理の手間はともかくとして、1カゴあたりで何日食べられるかを計算して、どちらが多いかを計算したのでしょう。

栗は1カゴで2日分の食料、一方、団栗は1カゴで1日分の食料になります。つまり、栗1／2カゴ＝団栗1カゴとなります。異なった食料またはものの大きさを比較するには共通の基準、単位が必要になるのです。そうでなければ栗と団栗の大きさは比較できないでしょう。

ところで、会計や簿記では、計算のすべてをお金の額で計算する

栗《くり》と団栗《どんぐり》を食料におきかえてみよう

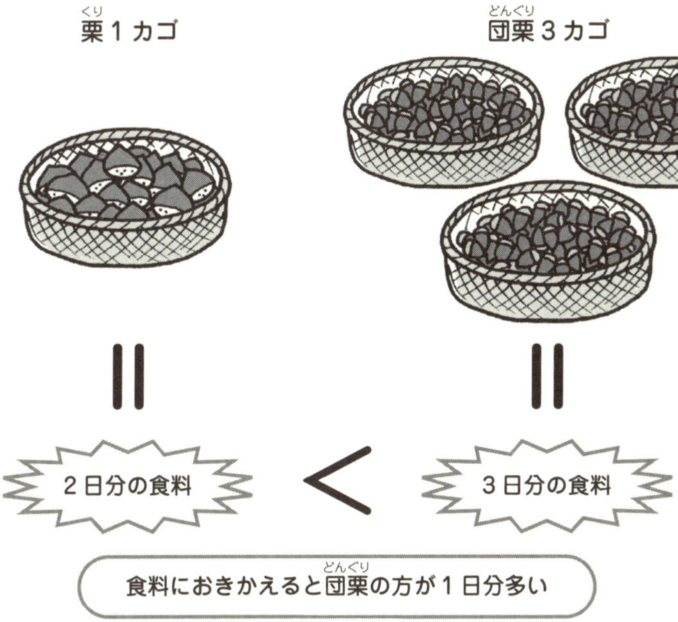

という大前提があります。

たとえば、表1（49ページ）に日立製作所の資産の状況を示しました。日立では現金・預金、売掛金《うりかけきん》（商品を売却し、代金を後で受け取ることを約束をした債権《さいけん》）、完成品、原材料、建物、機械、土地、子会社の株式など、さまざまな資産《しさん》を所有しています。

● すべてのものをお金におきかえてみよう

ところで、これらの資産を互いに比較しようとすると、たとえば完成品のうちテレビ10台と冷蔵庫10台を量的に比較すると10台と10台で同じということになり、合計では20台ですが、これを値段、金額によって比較すると、テレビは1台あたり10万円、冷蔵庫20万円であるとすれば、テレビは100万円（10万円×10台）、冷蔵庫は200万円（20万円×10台）ということになり、合計で300万円となります。このように、質の異なった資産を値段、金額で計算することを貨幣計算《かへいけいさん》をする、あるいは貨幣数量的《かへいすうりようてき》に把握するというように表現します。簿記《ぼき》ではこのように貨幣計算することによって、企業活動の流れを統一的に把握することができます。たとえば会社（企業）は資本《しほん》を調達し、これを元手《もとで》に設備資産をそなえて、原材料を仕入れ、従業員を雇って代金あるいは給料の支払いをします。完成した製品を売却して、代金を受け取ります。こうした企業活動の状況を、その流れに即して貨幣数量的に把握することによって、流れを統制、管理して、まちがいや無駄をなくしていくことができるのです。

● お金におきかえるから比較できる！

また、簿記は貨幣数量的に統一的に企業活動を把握することによって、現在の企業状況を過去と比較し、また競争相手と比較することができます。表1（49ページ）は日立の1997年3月期と8年後の2005年3月期の資産の状況を比較しています。

これによると、長期的な不況のもとで合理化（使っている現金、設備などを節約する）のために事業を別の会社に分離するなどしているため、資産合計は縮小しています。とくにバブル経済のころに拡大した現金・預金、製品、原材料などの資産を縮小してスリム化し、一方で子会社の株式などが増加している状況がわかります。

また、表2（50ページ）は、日立と東芝の資産合計を示しています。これによって日立、東芝ともに1990年代に入って資産規模が縮小していることがわかります。とくに東芝はかなり縮小しています。こうした状況は近年、企業が営業活動を分社化（1つの会社から分離して効率化をはかる）していることによるものです。

このように、営業活動の規模を全体的な視点から競争相手の状況、

どんなものもお金の額にすれば比較できる

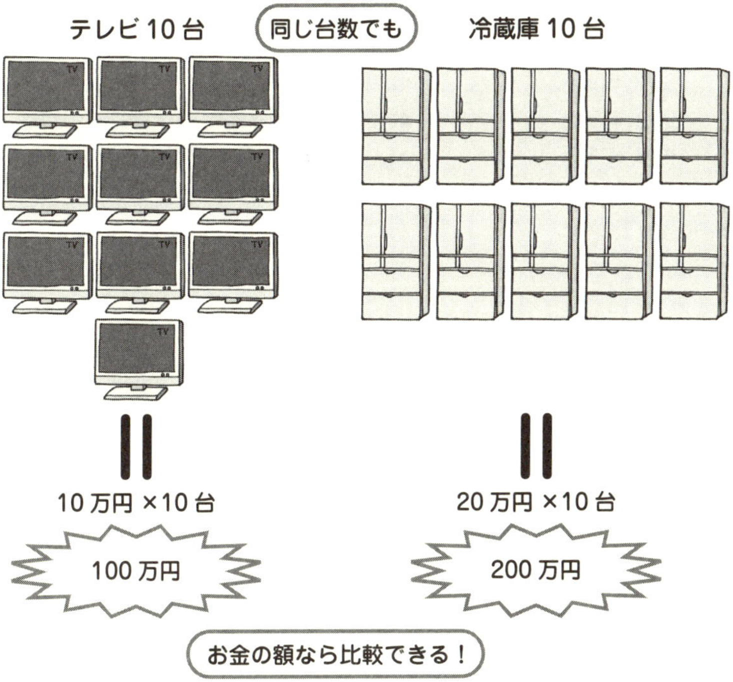

表 1　資産の比較（日立）

（単位：億円）

	1997 年 3 月	2005 年 3 月	増減額
現金・預金	5,746	1,954	−3,792
売掛金などの債権	12,538	10,836	−1,702
製品・材料など	7,178	2,828	−4,350
建物・機械など	7,541	3,338	−4,203
子会社の株式など	5,667	13,726	8,059
その他	3,375	4,843	1,468
資産合計	42,045	37,525	−4,520

（出所）有価証券報告書（日立）より作表。

表２　資産合計の比較（日立・東芝）

（単位：億円）

決算期	日立	東芝
1997 年 3 月	42,045	33,610
1998 年 3 月	41,316	34,810
1999 年 3 月	41,316	34,810
2000 年 3 月	40,039	33,802
2001 年 3 月	41,193	33,176
2002 年 3 月	39,231	31,391
2003 年 3 月	38,250	28,778
2004 年 3 月	37,083	25,877
2005 年 3 月	37,525	26,431

（注）日立の 1996 年 3 月期決算では（株）日立家電との合併があった。
（出所）有価証券報告書（日立、東芝。各期）より作表。

また業界での比較分析ができ、それにもとづいた経営戦略を立てていくことも可能となります。

さらに、今日の大企業はグローバルな範囲の活動を行っていて、日立でも諸外国の企業との取引があります。たとえばアメリカへ製品を輸出した場合、通常はドル建てで代金は後払いとなります。会社どうしでの取引では代金は現金で受け取ることはむしろまれで、後払いでまとめて支払われます。売り上げた会社にとっては、後ほど「現金で受け取ることのできる権利」をもつことになります。これを売上債権《うりあげさいけん》といいます。アメリカの企業に売り上げたときには、代金をドルで受け取ることになると、その売上債権は、ドル建ての売上債権といいます。つまり売上債権がドル建てで生じた際には、この資産は日本の通貨である円に換算して集計されるのです。

私たちは、縄文時代とちがい、貨幣経済の発展にともなって、ものの大きさを貨幣額で、とくに会計ではすべてを貨幣額で統一的に認識し、ものの大きさを判断するのです。

②

学校も会社も1年ごとに期間を区切るのはなぜ？
——会計期間《かいけいきかん》のはなし

● ヴェニスの商人は1航海で営業活動が終わる

会社（企業）の営業活動が継続的に行われることは今日では常識となっています。しかし、簿記が対象としてきた営業活動が当初より継続的なものであったわけではありません。たとえば、営業（資本）活動の発展の初期には中世のヴェニスの商人の交易活動のように、1航海で1つの営業活動が終了し、その1航海の利益を計算し、それを出資者に配分して営業活動と利益の計算と分配が完結していました。このような計算を口別《くちべつ》計算といいます。

● 企業活動に終わりはない！

ところが、今日では企業活動は継続的になされています。というのは、営業活動はその規模が大規模になればなるほど、競争相手との競争に勝つことができます。これは、大量に取り扱うことによって、とくに輸送、生産において単位あたりのコストが小さくなるためです。この大規模化には共同出《しゆつ》資《し》または借入《かりいれ》によって資本を集める必要があり、また大規模に営業をするためには長期的に企業活動が継続し、そして永続的に存続するものと考える必要があります。このような前提を継続《けいぞく》企《き》業《ぎょう》といいます。

たとえば、日立製作所についてみると、1910（明治43）年に日立鉱山付属の鉱山用の電気機器とくにモーターの修理工場として設立され、その後多くの会社を吸収合併し、また多くの工場、研究所の設立をかさね、今日では情報エレクトロニクス、電力・産業・交通システム、家庭電気を生産する日本でトップクラスの総合電器メーカーに発展してきています。日立は90年をこえる歴史をもっており、今後も継続されていくでしょう。このように、企業は通常、ひとたび設立されると長期間にわたって永続的に営業活動を続けます。場合によっては、倒産するということが現実には起こりうるでしょうが、企業は継続していくことを簿記の計算の前提として考えます。このように考えると（つまり企業活動は永久に続いていくと考えると）、ある一定の期間で営業活動が完結してその時点でその活動の簿記的な結果を集計するのとは異なって、無理やりに一定の期間を切り出して、その期間の計算をせざるをえないことになります。

そうでないと、いつまでも営業活動は終了しないため簿記での集計もできなくなってしまい、利益の計算もできず、したがって、出資者への利益の分配もできないことになってしまいます。

● 企業活動は1年間が1つの単位

ところで、一定の期間を取り出す場合に、通常は、地球上では自然も動物もまた人類も1年を基準にします。これは地球上では、地域によって差はあるものの、四季があることによります。

たとえば日本では春になると草木は芽吹き、動物は子どもを育て、5月になれば近海にカツオが回遊し、6月には田植えをして、暑い夏にどんどん成長して、実りの秋がやって来ます。秋には冬に備えて、人間も動物も体力あるいは食料をたくわえ、そして冬を耐え、また春が来ます。地球上での生活はこのサイクルを基礎になされ、経済・企業活動も例外ではありません。

したがって、簿記・会計で企業活動の一定の期間（これを会計《かいけい》期《き》間《かん》といいます）を切り出すにあたっては、1年間を単位として、ま

企業活動は1年間が単位

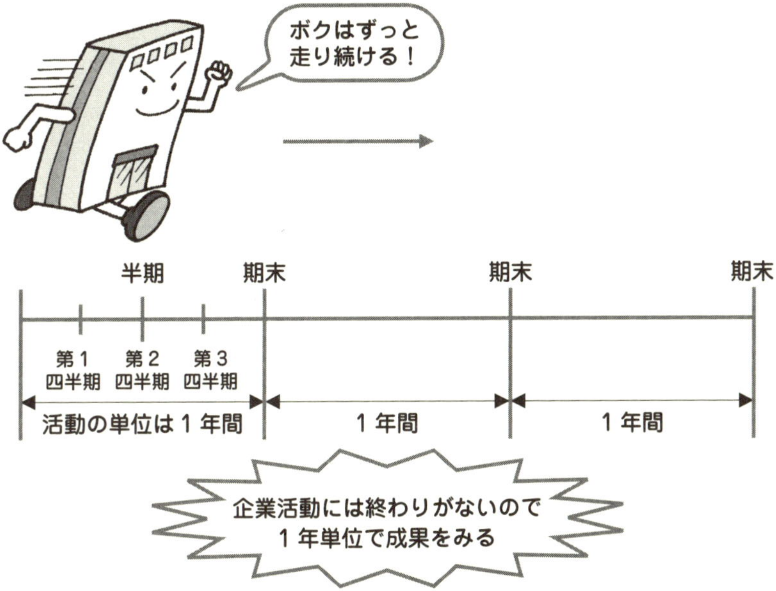

た、その2分の1の6ヶ月の半期《はんき》、4分の1の四半期《しはんき》を単位とします。また1年間をどこで区切るかは、歴史的には生産・経済活動が季節的な影響を強く受けていたことを反映して、1年のうちで最も忙しくない時期、日本では冬から春が始まる前ごろの時期となりました。このことは国の財政年度をはじめ、学校での学年歴も4月1日を始まりとして3月31日を終わりとしていることにも現れています。これに準じて、日本では日立をはじめほとんどすべての企業が、会計期間を4月1日から3月31日としています。そして、3月31日を決算日として、継続的に続いている企業活動を計算のうえで切り出し、企業活動の断面を調べ、1年間の成果を知るのです。

そして、このように継続する企業活動を切り出して計算することが、今日の簿記に特有な問題と意味をもたせることになります。

③

会社の利益はどうやって計算するの？——損益計算書《そんえきけいさんしよ》のしくみ

●（利益《りえき》）＝（収益《しゆうえき》）－（費用《ひよう》）

企業はまず資本を調達し、その資本を営業活動に投下します。製造業ならば、具体的には、工場の建物、機械を手に入れ、また原材料を買って、人を雇って給料を支払い、電力料金、水道料金などを支払って製品をつくります。このとき製品をつくるための支出を費用《ひよう》といいます。ただし、建物や機械は何年も使えますから、それぞれの年にはその一部分が製品をつくるための費用として計算されます。

費用という犠牲を支払って、製品が完成すると、これを売って代金を手に入れます。これが成果としての収益《しゆうえき》です。企業の利益《りえき》は、収益から費用を差し引いて計算します。

また小売業ならば、店舗《てんぽ》を手に入れ、商品を仕入れるため代金を支払い、やはり人を雇って給料、電気料金、水道料金などの費用が発生して、売り上げることによって売上代金が収益としてもどってきます。そして収益と費用を比べることによって利益が計算されます。

企業に入ってくる収益にはつぎのようなものがあります。売上代金や銀行に預けた預金の利息、土地、建物を貸した場合に受け取った地代、家賃などです。企業から出ていく費用はつぎのとおりです。製品、商品を手に入れるために支出した仕入代金、従業員の給料、電気料金、あるいは店舗を借りていた場合には支払った家賃、銀行からの借金があれば支払った利息などです。そしてやはり収益から費用を差し引いて利益を計算します。

利益を計算する損益計算書

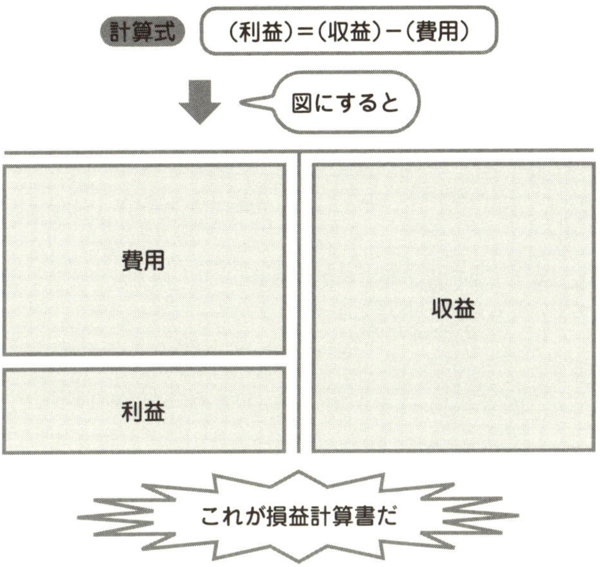

企業は犠牲としての費用を払って、その見返りとしての収益を手に入れます。この収益と費用の差額が儲《もう》けとしての利益です。収益と費用を対比して利益（あるいは損失《そんしつ》）を計算する報告書を損益計《そんえきけい》算書《さんしょ》（P ／ L、Profit and Loss Statement）といいます。

実際の企業では、収益のほとんどが商品を売り上げた代金である売上です。そして、売上を実現するための費用の80％くらいは、仕入や製品をつくるために直接かかった給料、材料費、また機械の代金などからなっています。他の費用では販売活動にかかった費用や銀行へ支払う利息などです。

● 利益の計算も１年間が単位

ところで、企業の活動は継続的に行われます。こうした企業活動のなかで、4月1日から3月31日までの期間を切り出して、その期

収益と費用を対応させる

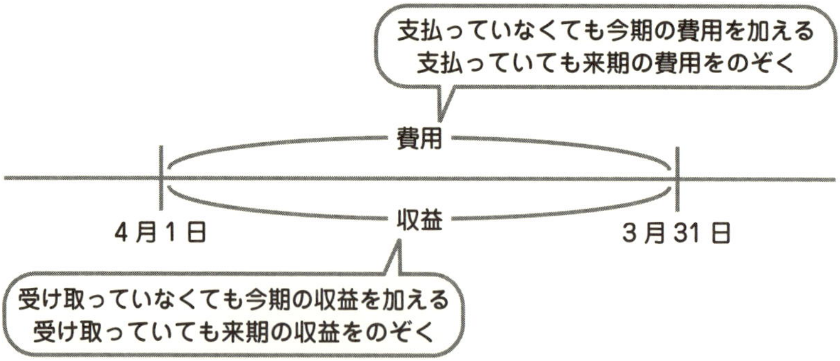
支払っていなくても今期の費用を加える
支払っていても来期の費用をのぞく
費用
収益
4月1日
3月31日
受け取っていなくても今期の収益を加える
受け取っていても来期の収益をのぞく

間の費用と収益を対応させて計算するのが会計の利益です。1年間の費用という犠牲と収益という成果を比較して、増加分としての利益を計算します。

そして、この計算では費用と収益が対応関係にあるように計算します。たとえば、今年の収益には前もって受け取った来年分のサービスに対する代価などはのぞかれますし、また費用についても来年分の費用を前もって支払った分はのぞかれます。

逆に、受け取っていなくても今年の分の収益は計上《けいじよう》されますし、支払っていなくても今年分の費用は計上されるというように、実際の現金の受け取り、支払いという基準ではなく、今年の収益を実現するためにかかった費用はいくらかという視点から計算がされます。こうした計算を、収益・費用について実際に支払ったのか、また受け取ったかどうかという基準（現金主義《げんきんしゆぎ》）ではなく、今年の収益・費用かどうかという基準（発生主義《はつせいしゆぎ》）で、収益に対応する犠牲としての費用を計算します（費用《ひよう》・収益対応《しゆうえきたいおう》の原則《げんそく》）。

さらに機械などが価値を失っていく部分、債権《さいけん》が未回収になる部分を予測、見積もって費用に加えます。

コラム　ボクの先生（1）――宮川宗弘《みやかわむねひろ》先生――

私は名古屋の高等学校を卒業して東京の立教大学に入学しました。名古屋から上京してはじめての一人暮らしと、大学生活でとてもとまどいましたが、当時は、日本の経済が急発展している時期で、学生たちはこれから社会に出て活躍するぞといった活気にあふれていて、とても楽しい時間を過ごしました。

大学に入学してまず感じたことは、「人は、自由にいろいろなことを考えていいのだ！　そのことがとても大切なことなのだ！」ということでした。見るもの、聞くことが新鮮で、じっくり勉強しようと思いました。

大学２年生になってゼミナールに応募できることになりました。友人や先輩たちに情報を聞きまくり、宮川宗弘《みやかわむねひろ》先生の担当する経営管理論のゼミナールに入りました。ゼミナールでは学生がそれぞれのテーマについて報告すると、宮川先生が最後に、「どうしてそういう結論になるの？　他の結論だって考えられるんじゃないの？……」と問題点を指摘されるのです。「自由にいろいろなことを考えていいのだ、そのことを発表していいのだ」と思いました。大きな社会の流れのなかで、個々の会社の行動や働く人たちの行動を、少し離れたところから、じっくりと分析することを学びました。ゼミナールで勉強した考え方や分析のしかたは、その後、私の大切な財産になりました。

私の研究は、その後宮川先生の領域とはちがって会計学について分析することになりました。でも宮川先生から学んだ分析のしかたや考え方はそのまま引き継いでいるのだと思うのです。

④

磨《す》り減《へ》った機械の価値はどう計算するの？

——減《げん》価《か》償却《しょうきゃく》費《ひ》のしくみ

● 機械が磨り減る額が減価償却費

企業は、大きな資本を集めて大規模な設備資産を使うことによって競争相手より製品の原価を小さくして企業間の競争に勝ち残っていくことができます。企業の設備は大規模化していく傾向があります。また、新しい生産技術をどんどん開発して、競争相手よりも安く、良い製品をつくることによって競争に勝ち残っていくことができます。20世紀はじめになると、欧米ではこのように生産設備の大規模化、技術開発が進みます。

こうなると、設備資産（機械・装置・工場の建物など）を会計の計算のなかでどのようにするかが課題となってきます。たとえば機械を買ったとしましょう。この機械は使っているうちにだんだんと磨《す》り減《へ》って、または時代おくれになって、いつかははっきりわかりませんが、いずれ使えなくなってしまうでしょう。

こうした状況を会計では減価償却計算《げんかしょうきゃくけいさん》によってとらえます。最も一般的な計算のしかたは定額法《ていがくほう》、定率法《ていりつほう》という計算のしかたです。定額法の計算のしかたは、たとえば1,000万円の機械で使える期間（これを耐用年数《たいようねんすう》といいます）を10年、機械がスクラップになったときの値段が10%あると仮定すると次のように計算します。

$$1\text{年間の機械の磨り減り額}=\frac{\text{買ったときの値段}-\text{スクラップの値段}}{\text{使える年数}}$$

したがって（1000万円－100万円）÷10年=90万円で、1年間に機械が磨り減る額（これを減《げん》価《か》償《しよう》却《きやく》費《ひ》といいます）は90万円となります。この機械についてみると、1年間に90万円ずつ値段が下がって（減価して）いきます。そしてこの額は製品の原価に加えて、売上となって回収されます。これが10年間つづけられ、合計で900万円を回収します。また定率法の計算では、帳簿価額（買ったときの値段からこれまでの減価償却費を引いた額）に一定の率をかけてその年の減価償却費を計算します。一定の率は数学的に計算された定率表によって実務では計算します。たとえば、前の仮説例では定率は0.206で、はじめの年には1,000万円×0.206＝206万円の減価償却費で、つぎの年は（1,000万円－206万円）×0.206＝163万円というように計算します。そしてしだいに小さくなって10年目には26万円になります。合計ではやはり900万円回収します。したがってこの計算は、機械を買い入れた時点から、使える期間を予測して前もって使えなくなったときに新しい機械を買い換えることのできるように売上代金をとおして回収する計算でもあります。

● 将来の支出も計算に含める

会社で1年間の利益を計算するにあたって、とくに費用では減価償却費のように、実際にその年に現金などで支出したものだけではなく、将来的に考えてその年に支出したと考えられるもの、予測されるものも計算のなかに含めるのです。

もし、こうした予測をしないとすると、機械はその寿命がつきた年に一挙にその設備の金額が費用として計《けい》上《じよう》されてしまいます。すると、その年の正確な利益が計算されなくなってしまいます。つまり、機械が10年間にわたって使えなくなったという計算とはちがってきます。会計では減価償却計算をすることによって、より正確な1年間の利益を計算することができます。

減価償却費は製品の原価に加えられる

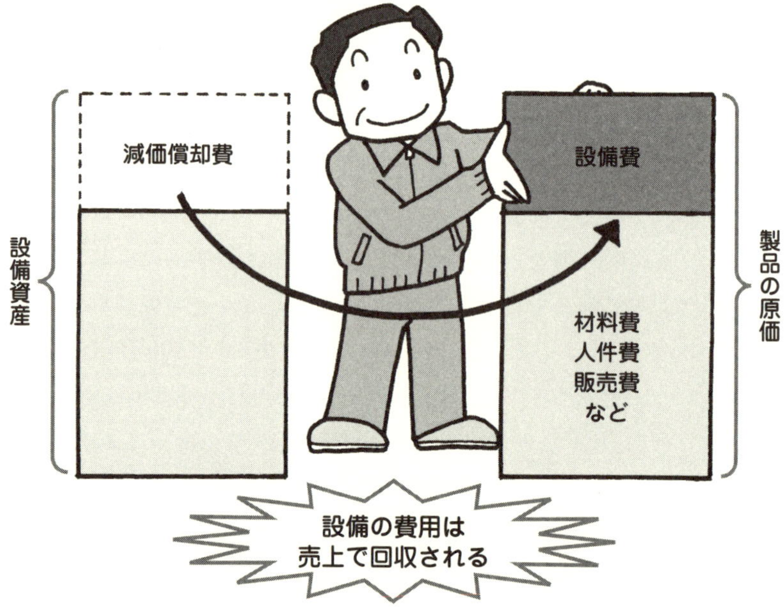

この減価償却費は、機械や装置だけでなく自動車、船舶、航空機、またダム、鉄道などでも行われます。ちなみに、乳用の牛、みかんの木なども減価償却計算が行われます。

ところで、この計算は予測にもとづいてなされます。そこで実際に会社ではどんな計算結果になっているかについてみておきましょう。機械・装置について買った値段からすでに償却してしまった額（なくなったと考えた額）の割合を、たとえばトヨタ自動車についてみると86.9%、松下電器では86.7%、日立製作所では85.1%にもなっています（2004年3月期）。この状況によりますと、耐用年数が10年ならば、全体として9年目にさしかかった機械装置ということになりますが、実際には、ほとんどが最新鋭の機械装置です。企業では使える期間を短く予測して早めに償却する傾向があるのです。

⑤ なぜ現金100万円のほうが債権《さいけん》100万円より大きいの？
——債権の大きさを計算するしくみ

● すぐに使える現金、すぐには使えない債権

今、仮に資産家が皆さんに「現金100万円と債権《さいけん》（支払いが約束された売上代金、貸付金《かしつけきん》などを回収する権利）100万円のどちらかを差し上げましょう」と言ったら、皆さんはどちらをいただきますか。当然に大きい方をいただくことになると思います。さて、どちらが大きいのでしょうか

現金100万円は、いつでも、どこでもすぐに使うことのできる100万円です。ところが債権100万円は100万円を相手に貸してあってそれを返してもらうことができる権利です。したがって、これを実際に返してもらわないと使うことができません。債権は回収するという手間がかかります。ところが債権は手間の問題だけではなく、実際に返してもらえるかどうかという大問題があります。時には相手の企業が倒産してしまったりすると、その債権は回収不能となってしまいます。このことを考えると、債権は現金より小さいのです。したがって皆さんはきっと、現金100万円をいただくことでしょう（「本当に誰か100万円くれないかな～」大橋）。

ところで、なぜ売上代金はすぐに現金で支払わないで後払いにすることが企業の間ではなされるのでしょうか。支払い側からいうと、代金を後払いにすることによってその資金を他に活用することができます。また受け取る側は売上代金の受け取りは遅れてしまいますが、一方で、仕入れるときには後払いにすることによって資金を節

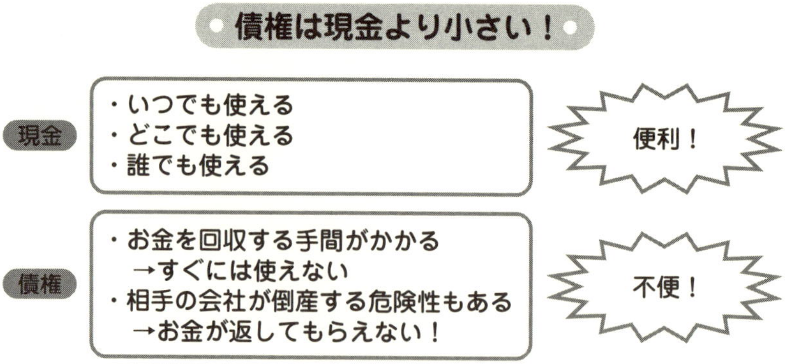
債権は現金より小さい！
現金
・いつでも使える
・どこでも使える
・誰でも使える
便利！
債権
・お金を回収する手間がかかる
→すぐには使えない
・相手の会社が倒産する危険性もある
→お金が返してもらえない！
不便！

約します。このように支払いを後払いにして資金の利用を拡大します。次ページの図では現金払いの場合では100万円の現金は仕入に使われ売上代金が入ってくるまで利用することはできません。しかし、下の後払いの場合には100万円の仕入をしてから売上代金が入るまで利用することができます。あるいは、現金の準備なしでも仕入れてそして売り上げることができます。もちろん、この図では仕入額と売上額の差である儲《もう》け（利益《りえき》）の額は無視していますが、この間の資金（お金）の利用で利益をあげるのです。この図では仕入から売上までの期間に100万円を利用できることがわかりますが、実際の企業でこうした取引がたくさんあって、これがかさなりあうと、長い期間にわたって、多額な資金（お金）を営業活動に利用して、利益をあげることができるようになります。

● 回収不可能な債権も予測しよう！

さて、会計では、1年間の利益を計算するにあたり、返済が不可能になる（これを貸倒《かしだお》れるといいます）損失（費用）が一定の割合で発生することを前もって予測して、これを計算のなかにおり込みます。そして、その回収不可能な損失（費用）の額は、過去の経験にもとづいて計算されます。このことを計算におり込むことによっ

手持ち現金100万円で製品を仕入れ、販売した場合

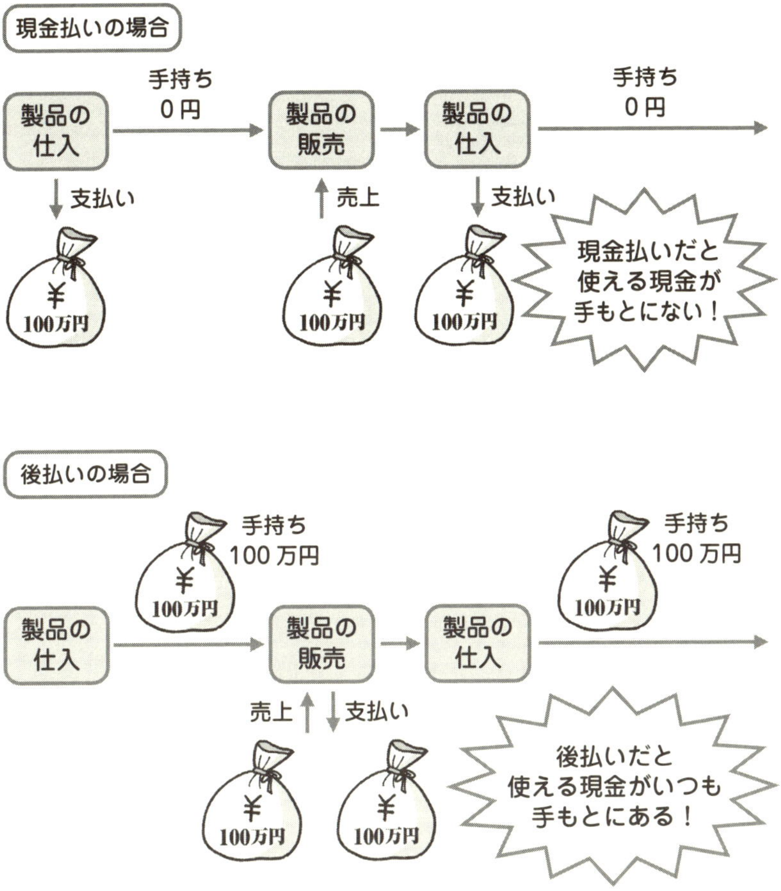

てより正確な利益の計算ができます。この計算も、予測にもとづいて計算することになります。そこで、企業の実際の状況をみると貸倒れの実績を大幅にこえて見積もることが一般的となっています。なぜそういう傾向になるかについては、後ほど考えましょう。

⑥

元手《もとで》（資本《しほん》）は
どのように集めるの？

——資本のはなし

● 競争に勝つために会社は資本を大きくする

企業の活動は、大規模に営業することによって、後に詳しく説明しますように、効率的に設備を利用したり取引をすることができ、他の企業との競争に勝ち残ることができます。そうすると、今、仮に20億円の元手《もとで》として現金をもっている営業主Ｘと、10億円をもっている営業主Ｙがそれを営業に投下して同じ営業部門で争うことになると、10億円の元手を投下したＹは、20億円を投下したＸに負けてしまうことになります。そこで、Ｙは工夫をすることになります。まず第1に他の小規模な元手をもつ資産家と一緒になって、たとえば他の10億円の元手をもつ2人と共同して、新しく30億円の元手Ｚで営業活動を行うことにします。すると30億円の元手Ｚは、前の20億円のＸに勝つことができるでしょう。そうするとＸは、共同経営者をさがすか、あるいは資産家から20億円を借金して合計40億円の資本で、30億円のＺに対抗することになります。このように営業活動に投下する元手のことを会計では資本《しほん》といいます。

● 中世オランダの印刷会社をみてみよう

ところで、こうした状況を示す16世紀のオランダの資料を紹介しましょう。次ページの表は敷田禮二《しきたれいじ》という先生が分析した、オランダのアントワープで1555年から書籍の印刷・出版を営んでいたプランタという企業の会計資料を要約的にまとめて資本の出資や所

オランダ・プランタン印刷のバランス表

1565年4月26日、単位：ポンド

プレス機、タイプなど	700	出資	
材料（紙）、書籍など	2,400	A資産家	300
		B資産家	300
		C資産家	600
		D資産家	300
		E資産家	300
			1,800
		借金	
		L資産家	200
		M資産家	400
		N資産家	250
		O資産家	400
			1,250
		その他	50
合計	3,100	合計	3,100

（出所）敷田禮二『管理会計批判』（日本評論社、1969年）10ページを参考に作表。

有する資産の状況を示したバランス表です。

バランス表によると、資産家のA、B、D、Eより300ポンド、Cより600ポンドの出資によって合計1,800ポンド、また他の資産家L、M、N、Oよりそれぞれ200、400、250、400ポンドを借金して合計1,250ポンドを調達し、その他を含めて3,100ポンドの資金を集めました。

こうした資金によって、プレス機、タイプ、材料の紙、さらにつくりかけの書籍あるいは完成した書籍が合計3,100ポンド所有されている状況がわかります。すでに16世紀中ごろには、営業活動は、共同の出資によって（元手を共同で出し合って）、さらに共同経営者以外からの借金によって資本を集めて、個人の資金の枠をこえて、より大規模な営業活動が行われていました。

● 株式会社制度・銀行制度への発展

オランダのプランタン印刷では、大規模に営業を行うために、Ａ～Ｅの資産家から出資をあおぎ、またＬ～Ｏの資産家から借金をして資金を確保しました。企業活動がさかんになるのにともなって共同で出資する、また借金などによって元手を確保することが行われるようになります。

さらに元手（資本）の集め方が制度的になされるようになり、株式会社制度また銀行制度へと発展していくことになります。

株式会社は、後に説明しますが、企業への出資が株式というかたちで証券化されて、その株式を手に入れることによって会社の出資者（共同経営者）になることができます。そしてこの株式が証券市場で自由に売買されます。この制度では、広く社会にある少額の資金を集めて企業活動に投下することになります。会社への出資者は企業の経営に参加するとともに企業があげた利益を出資額に応じて配分にあずかることができます。配当《はいとう》は利益の配分ですから、利益の大きさによって配当の大きさはそのつど異なることになります。

また銀行制度は、やはり社会に広く蓄えられている預金者からの資金を集めて企業活動に貸し付けるしくみです。企業の貸付はあらかじめ約束した利息と返済期日を決めて資金を貸し付けるもので、経営に参加するものではありません。いずれのしくみも、一般に蓄積されている資金を企業活動に導入するもので、このようなしくみが企業活動が活発になるのにともなってできあがってくるのです。

このようなしくみのなかで企業は、必要な元手をどちらから確保するかを考えることになります。

株式会社制度や銀行制度の成立は、企業の会計制度の確立と一緒に進んできました。企業が公表する会計の報告書などによって投資家や銀行はその企業の状況を把握することが必要となるからです。

コラム　ボクの先生（2）——敷《しき》田《た》禮《れい》二《じ》先生——

大学を卒業して大学院に進みました。当時はまだ大学院に進む人は少なくて、将来も研究者としてやって行けるかなど不安定な立場でした。

大学院に入って１年生のときに敷《しき》田《た》禮《れい》二《じ》先生の担当する予算統制論の授業に参加しました。先生はまだ若くて、はじめて大学院の授業を担当されていました。

敷田先生のもとで研究会や出版の企画にいろいろと参加させていただきました。参加させていただいた出版の企画は10件にもなります。

こうした企画は何人かの研究者が集って研究書を出版するために何回も研究会や打ち合わせを行います。いよいよ全体の構想がまとまると、それぞれの執筆分担が決まって具体的に執筆にかかります。

ところで、当時の書物の出版は大変でした。原稿が集まると出版社は原稿を印刷所に渡します。印刷所では活字工が、鉛でできた活字がびっしり入った大きな活字の棚から一字一字取り出して木箱に組んでいきます。そして数ページを１つの平たい箱に入れてそこから原版をつくるのです。原稿をわたした後で大幅な変更をすると、活字工は、また組み直さなければならないのです。

したがって、原稿を出すときには、後で訂正がないように、また原稿の締切日が遅れないようにと、厳しくいわれていました。

でも、原稿の提出はときとしておくれがちになります。そこで敷田先生が一言「君の原稿の提出が遅れると、その時間を埋め合わせるために印刷工が徹夜をして仕事をすることになるんだよ。がんばって約束を守りなさい」。この言葉は、私の大切ないましめの言葉なのです。

⑦

集めた資金はどのように使われるの？

——貸借対照表《たいしやくたいしようひよう》のしくみ

● 資金の流れは貸借対照表をみればわかる！

企業が営業活動を行うにあたってはできるだけ多くの資金を集めて、なるべく大規模に展開することが大切です。どこから資本を集めて、どのように具体的に投下しているかを示す会計の報告書に貸《たい》借対照表《しやくたいしようひよう》があります。

貸借対照表は右側にどこから資本を集めてきたかという源泉が書かれています。たとえば銀行からの借入《かりいれ》、一定の利子《りし》を支払って一定の期間後に返済を約束した社債《しやさい》、株主からの出資《しゆつし》である資本金《しほんきん》また利益《りえき》の留保額《りゆうほがく》などです。借入、社債などは負債《ふさい》とよび、資本金などを資本《しほん》とよびます。両方とも、どこから資本を集めてきたかという意味では資本の源泉であり、まとめてこれらを資本といいます。

一方、左側には、集められた資本が具体的にどのようなかたちで存在しているかを示しています。現金、商品、建物、土地、機械、装置、あるいは他の企業の株式、貸付金《かしつけきん》などです。資産《しさん》は具体的なかたちですから、私たちの日常的に使っている資産ということばに近い内容となっています。

● 集めた資金と投下した資産は同じ額

ところで、この表を日本でなぜ貸借対照表というのでしょうか。英語ではバランス・シート（Balance Sheet、B ／ S）といいます。左側の資産の合計と右側の負債・資本の合計が一致している表とい

貸借対照表からわかること

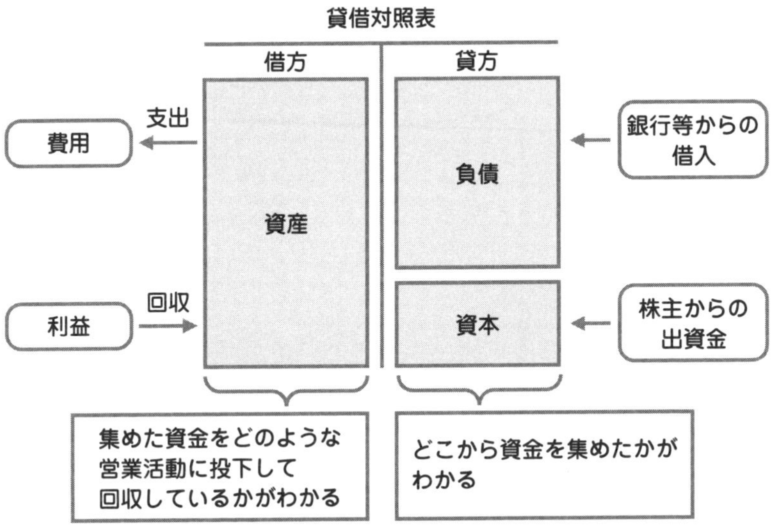

う意味です。簿記では左側を借方《かりかた》、右側を貸方《かしかた》といいます。簿記が成立した当時のヨーロッパでは第二人称を主体に表現する習慣があって、左側は借方で「あなたが借りた」、したがって私は返してもらう権利がある、そこで資産という意味をもちます。また右側は貸方で「あなたが貸した」、したがって私は返済する義務がある、そこで負債という意味をもつのです。

こうした言葉の使い方が会計学ではいまだに欧米でも日本でもなされているのです。そして簿記の勉強を始めると、まずこの借方が資産で貸方が負債となっていることで混乱してしまいます。

● 資産は費用として外へ出て、収益としてもどる

貸借対照表は、元手《もとで》（資本）の源泉と運用を示しています。まず右側は資本の所有・源泉で、銀行からの借入や株主からの出資です。左側の資産は、会社が所有する具体的な資産のかたちを表わしてい

資産の動きを水槽《すいそう》にたとえてみよう！

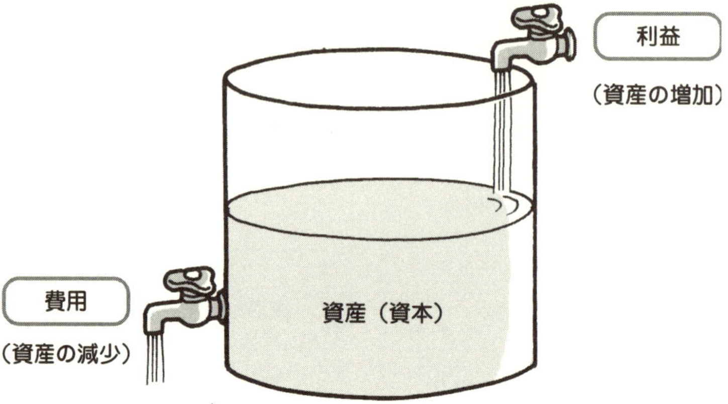

ます。左側の資産は、毎日あるいは毎時間のようにそのかたちをかえます。

つまり、たとえば右側の資本の調達によって、左側の現金100万円の資産が調達されたとします。現金は、そのままでは増加しませんから、会社は製造業ならば、原材料を60万円で仕入れ、人を40万円で雇って製品を製造します。そのとき、左側の資産は現金という資産が減少して原材料という資産が増加します。人を雇って給料を支払って原材料を使って製品を生産すると、現金または原材料という資産が減少して製品という資産100万円が増加します。さらに、生産された製品を、市場で売り上げて現金を120万円受け取ったとすると、製品という資産が減少して現金という資産が増加することになります。

そこで、はじめに投下された現金100万円は、売上代金としてもどってきたときには、120万円となっていることになります。この現金100万円と120万円の差額20万円は、現金という資産20万円の増加分で、この取引例での利益となります。

ところで、70ページの水槽《すいそう》のたとえでみると、投下した資産（水量）の増加分を測って利益ととらえる一方で、資産の減少（水の流出量）と資産の増加（水の流入量）を比べて利益を計算します。つまり仕入・給料の額と売上を対比して利益を計算します。これは54ページで説明した損益計算書《そんえきけいさんしょ》で示しています。

● ダム、鉄道は株式・長期借入金・社債で調達

資産は営業活動に投下されますから、企業の営業の内容によって資産全体のなかでのそれぞれの資産の構成がちがってきます。たとえば、鉄道業、電気業などでは鉄道の線路や架線、電車、あるいはダムや発電所、送電線といった長い間使用される資産が多くなります。一方、卸、小売業ではこうした資産は少なくて、日常の仕入、売上がさかんになされるため、現金、預金、売掛金《うりかけきん》などの資産が大きくなります。

貸借対照表の反対側の負債・資本の構成をみると、鉄道業、電気業では長い間返済の必要がない長期借入や社債また株主からの資本金によって資本を集めることになります。一方、卸、小売業では短い期間に返済される買掛金《かいかけきん》、支《し》払《はらい》手《て》形《がた》、借入金《かりいれきん》が多くなっています。こうした状況は短期の資金の調達は回転しやすい資産へ投下され、長期間の資金の調達は長い間、同じかたちで企業にとどまる設備資産などへ投下されることによるものです。

また、日本の企業は、負債（借入など）と資本（株主の出資、利益の留保など）のうちで資本の割合が著しく小さいという特質があります。負債と資本の合計に対する資本の割合は従来は20%以下でした。企業が拡大するにあたって銀行からの借入を中心に資金を集めてきたことによります。近年では拡大のスピードが小さいためこの比率は30%ちかくになってきています。

⑧ 土地の値段はどうなっているの？ ——取《しゆ》得《とく》原《げん》価《か》主《しゆ》義《ぎ》と時《じ》価《か》主《しゆ》義《ぎ》のはなし

● 買った値段で計算するの？　現在の値段で計算するの？

会計では、資産の値段を買ったときの価額で記録します。つまり、前に説明した貸《たい》借《しやく》対《たい》照《しよう》表《ひよう》では買ったときの値段で記録されています。そして、それ以降は、基本的には価額を修正することはありません。これを取《しゆ》得《とく》原《げん》価《か》主《しゆ》義《ぎ》といいます。しかし、この値段に対して一般の市場での価格（これを時《じ》価《か》といいます）がとても下がった場合には評価をし直すこともあります。

このように買ったときの値段で計算しても、原材料、製品などでは、1年以内くらいには市場に出て、市場でのそのときどきの値段で売られ、再び市場で原材料を手に入れて製品をつくることになります。したがって、それほど大きく企業で買ったときの価額と市場での時価が離れてしまうことはありません。

しかし、土地、建物、また投資を目的として40～50年と長期にわたって保有する株式などでは、企業のなかに長い間とどまっているため、物価が上昇することによって、帳簿に記録されている買ったときの値段と値上がりした一般の市場での値段が大きく開いてしまうことがおきるのです。

帳簿の値段より、時価が大きくなると帳簿では安く表示されていても実際には高い価格となり、帳簿には表れない価値が生まれます。これを簿《ぼ》外《がい》資《し》産《さん》また含《ふく》み益《えき》があるというようにいいます。

土地などの値段を表す方法は２つある

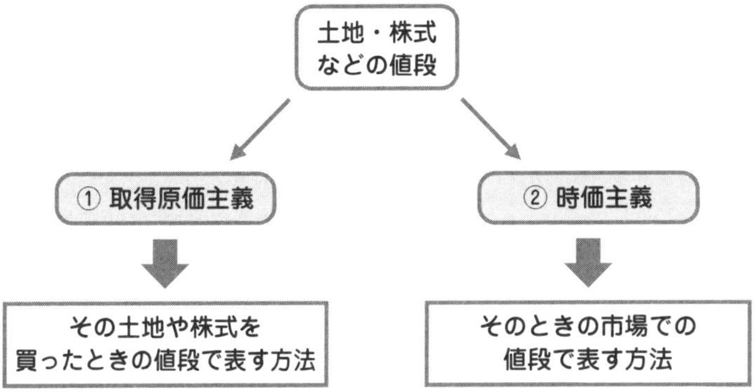
土地・株式
などの値段
① 取得原価主義
② 時価主義
その土地や株式を
買ったときの値段で表す方法
そのときの市場での
値段で表す方法

● 東京の2万平方メートルの土地がわずか20万円!?

日本の経済が1980年代末の地価が異常に高騰したバブル期にあったころの事例を紹介しましょう。資産のなかで含み益をもっとも大きく含んでいるものは土地です。「日本経済新聞」は、1990年2月26日につぎのような記事を載せています。

「東京の港区のJR田町駅に近い日比谷通り沿いの一等地に、日本電気本社ビルが完成した。43階建て三段ロケットのような外観、風害や電波障害を避けるために、13階から15階までを風穴状にくり抜いた構造。いかにも余裕たっぷりである。敷地は全部で2万1,252平方メートルある。ところが、これほどの土地も簿価はわずか『20万4,000円』（秋元和好専務）、1平方メートル当たり9円60銭にすぎない。時価では、1平方メートル1,000万円の声もかかるこの土地がなぜこんな価格になるのだろうか。」

ところで、この土地は1899（明治32）年に同社設立の際に購入した土地と、その後の買い増し分を加えて今の区画となったのが1911（明治44）年で、以来80年間、帳《ちよう》簿《ぼ》価《か》額《がく》は一度も改定されず、時価との差である含み益を拡大してきたという。すなわち、2万1,252平方メートル（6,440坪）の土地は、時価2,125億円であるにもかかわらず、20万4,000円と表示され、ほぼ2,125億円の含み資産をもっていたことになります。

日本電気の例は典型的なケースといってよいでしょう。でも、この時期には、日立製作所、東芝でも土地の時価は帳簿価額の100倍以上もしていたのです（「朝日新聞」1988年4月24日付）。

ところで、土地の値段が高騰していたバブルのころに手に入れた土地は、近年の土地の下落で帳簿の値段より時価がかなり低くなってしまうことがおきています。とくに大手ゼネコン（大手の建設会社）では、販売するためにもっていた土地、建物の時価下落によって大きな評《ひょう》価《か》損《そん》を計上することになっています。

こうした帳簿価額と時価の開きは、土地などと同様に、長い間所有している株式ついてもおこることになります。たとえば、日立では2005年3月決算で子会社、関連会社の株式を帳簿では2,306億円所有していると表示していますが、時価では1兆3,681億円もっているのです（有価証券報告書）。

ところで、会社の経営者にとってみると、会社の資産がどれくらいの値段であるかは最大の関心事であることはいうまでもありません。そういう観点からすれば時価は現実の社会のなかでの価額を示している値段です。

一方で、取得原価は実際に会社が現金を支出した価額ですから、この価額が採算上、保障されることが大切です。会社は、支出した取得原価の視点と、社会の状況によって大きく左右される値段である時価の間で、価額を判断することになります。したがって、実際の会計では取得原価と時価をいつも大切な価額と考えているのです。

⑨ とうふ屋さんの大豆は どれくらい残っている?

――棚卸《たなおろし》資《し》産《さん》の評価のしくみ

● 問題:残っている大豆の値段を計算しよう!

とうふは、いうまでもなく大豆からつくられます。そこでとうふ屋さんの大豆の仕入と使用状況が77ページの図のようであったと仮定します。とうふ屋さんは仕入れるたびに金属製の大きな容器にそのつどザザーっと入れます。また使うときには大豆がいっぱい入った容器からバケツですくっと取り出します。

さて、77ページの図のように使ったとしますと、6月30日の時点で大豆はいくら残っているでしょうか(いくらといっても量ではなく何円残っているのでしょうか。残っている量は200kgであることはいうまでもありません)。

● 解答と解説:答えは1つではない!!

答えは、残った大豆の金額は50,000円か、43,333円か、40,000円か、30,000円です。会計学では仕入れた原材料や商品の記録は買ったときの値段で記録します。上の仮説例では、同じ品質の大豆がしだいに値上がりして当初は100円/kgでしたが300円/kgにまで値上がりしました。使うときには大きな大豆の容器からバケツで取り出しますから、どれが100円/kgでどれが200円/kgでどれが300円/kgかわかりません。

仕入れた大豆を、とうふをつくるために使って、とうふの原価になった部分と、使わなくて残っている部分に分解する必要があります。使った分はとうふの原価になって、とうふとして売り上げられた時点で現金としてもどってきます。つまり費用《ひよう》部分です。残った分は大豆のストック部分で、将来とうふをつくる材料としての資産《しさん》です。このような資産を棚卸《たなおろし》資産《しさん》といいます。そこで会計ではそれぞれの計算をつぎのように考えます。

(1) 50,000円が残っていると考える場合（先入先出法《さきいれさきだしほう》）

容器に先に入った大豆が先に出ていくと考えます。残った量は200kg（入った量500kg－取り出した量300kg）で、先に入ったものが先に出ていくと考えると最後に容器に入った単価300円／kgの大豆100kgとその前に入った単価200円／kgの大豆100kgが残っており合計で50,000円が残っていることになります。

(2) 30,000円が残っていると考える場合（後入先出法《あといれさきだしほう》）

この考え方はふつうの考え方とは逆転していて、最も近くに入った大豆から払い出されると考えます。6月10日までは単価200円／kgの大豆が200kg払い出されると考えます。また6月30日には単価300円／kgの大豆が100kg払い出されます。そうすると残った大豆は6月1日に仕入れられた単価100円／kgのもの100kgと6月8日に仕入られた単価200円／kgの大豆100kgです。したがって合計で30,000円となります。

(3) 43,333円が残っていると考える場合（移動平均法）

この計算は、払出《はらいだし》のつど、今までの大豆の仕入値段を平均して計算します。

(4) 40,000円が残っていると考える場合（総平均法）

このやり方では払出の単価を仕入の合計金額を仕入れた総量で

とうふ屋さんの大豆の仕入と払出

とうふ屋さんの仕入・払出の状況

日付	摘要	数量	単価（kg／円）	金額	残高
6／1	仕入	100kg	@100円	10,000	100kg
6／8	仕入	300kg	@200円	60,000	400kg
6／10	払出	200kg			200kg
6／25	仕入	100kg	@300円	30,000	300kg
6／30	払出	100kg			200kg

各評価方法の比較

	先入先出法	総平均法	後入先出法
払出合計（売上原価）	50,000	60,000	70,000
残高（棚卸価額）	50,000	40,000	30,000
売上高	90,000	90,000	90,000
売上原価	50,000	60,000	70,000
売上総利益	40,000	30,000	20,000

（注）売上単価は300円／kgとする。設例より売上300kg、在庫200kg、売上高90,000（300kg×300円／kg）。移動平均法は省略します。

割って計算します。仕入合計額は100,000円、仕入量は500kgで、残っている額は200kg×（100,000円÷500kg）＝40,000円となります。この方法は期末にならないと計算できません。

今回のケースは、大豆が値上がりしたために、先入先出法のほうが後入先出法よりも残った大豆の金額は多くなりましたが、反対に大豆が値下がりすれば、結果は逆になります。しかし、どちらの場合でも仕入総額は100,000円ですから、とうふ屋さんに残っている大豆の金額が大きく計算されれば、とうふをつくるための費用が小さく計算され、利益は大きくなります。逆に、残っている額が小さく計算されれば、費用は大きく計算され、利益も小さくなります。

そこで、企業は実際の利益の状況に応じてどのやり方で計算するかを決めることになります。たとえば新日本製鉄では日本の高度経済成長の時期には、原材料が日常的に値上がりしていましたが、多くの利益をあげていました。そこで、後入先出法によって費用を大きくして、利益を小さく計算していました。利益を小さく計算すると、後に説明するように企業の納める税金が小さくてすむのです。また最近では原材料の値段も安定していますし、利益もかつてほど大きくありませんので総平均法で計算しています。

第4章

ものの値段はどうやって決まるの？
—原《げん》価《か》計《けい》算《さん》のはなし—

①

父の原価計算綴《げんかけいさんつづり》から学んだこと
——価格決定のしくみ

● 父のつくった洋食器の原価は？

私たち消費者がものを買うときは、一定の値段がつけられていてその値段で買うことがほとんどです。ものの売買では値段がまず売手から提示され、それから売手と買手の駆け引きで売買が成立します。私たちの生活のなかでは、駆け引きの幅が小さいのでしょう。

しかし、会社どうしの駆け引きは大変です。売手と買手は厳しい駆け引きをしなければなりません。会社にとってはなるべく安く買って、高く売ることは利益をあげる基本なのです。

さて、商品を売る場合に、まず売手がいくらで売るかを提示するためには、この商品の実際にかかった費用つまり原価はいくらなのかを正確に知っている必要があります。そのうえで、いくら利益をうわのせするか、大きめにうわのせするか、小さめにするかは、そのときの様子や、今後の取引の様子を考えて決めることになります。

さて、私の父は洋陶器にうわ絵付けをして輸出していました。そこで私の父の原価計算綴《げんかけいさんつづり》を紹介しましょう。私が中学生のころの話です。原価計算綴と記された厚さ7cmくらいの大判の帳面がありました。この帳面には、それぞれの商品、たとえばカップ＆ソーサーの品番A11bの1客あたりの原価が記録されています。内容は、無地の素地《きじ》の仕入代金が30円、中世のヨーロッパ調の絵付けのための絵の具代として10円と絵かきさんの人件費30円で絵付け費用が40円、さらにこれを電気釜で焼成《しょうせい》するために電力費20円と釜場《かまば》の

先生のお父さんのつくった洋陶器の原価

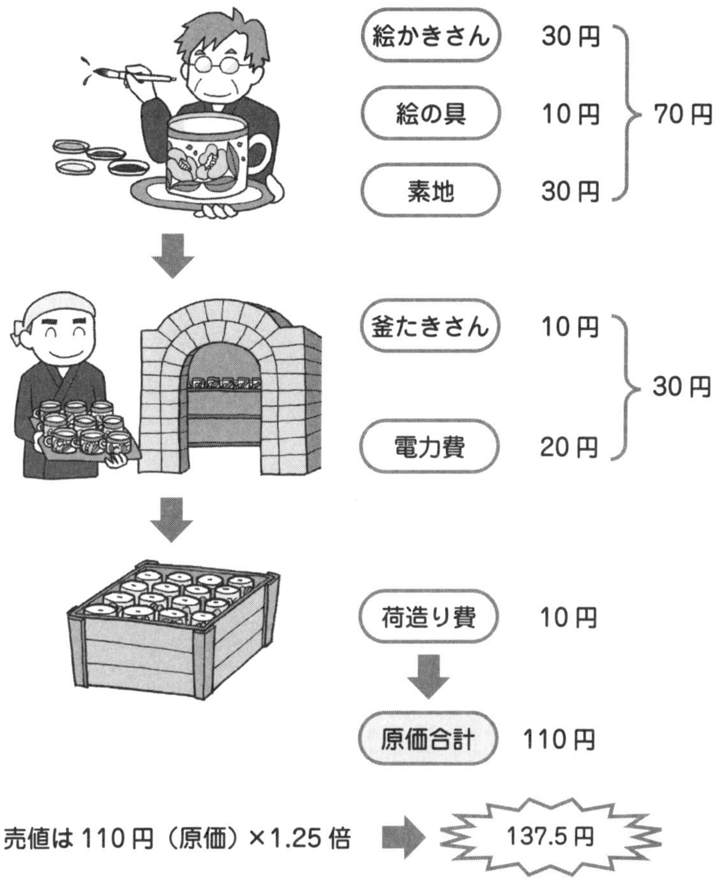

釜たきさんの人件費10円で釜場費用30円、輸出用の頑丈な木製の大箱に入れるための荷造り費10円で、全体の合計は110円です。

ところで、品番A11bのカップ＆ソーサーの110円という原価は、一定量たとえば100ダース（100 × 12=1,200個）をつくったと仮定し、また生産の途中でわれたりする量たとえば10%を想定して全体の費用を計算して、そのあと1個あたりの原価を計算します。したがって注文の量、破損の率によって実際の原価がちがってきます。このようにして計算した110円に、利益またコスト計算での一定の幅を考えて、1.25倍前後をかけた額が父の売値のもくろみでした。

● 原価から売値を決めて輸出業者と商談

品番A11bの110円という原価と137.5（110円×1.25）円という売値をもとに買手との交渉にのぞみます。輸出用の大口の取引ですから、A11bという商品の見本について買手は、もう少し手をかけて絵付けしてほしいとか、素地のかたちをこうかえてほしいとかの要望がでます。そのような要望に対応すると、原価がどのように変わるかを頭のなかで計算し、原価を修正していくのです。また、どれくらいの注文量かによって原価が変わってきます。売値を高く提案すれば売れにくくなりますし、安くすれば利益が小さくなってしまいます。また、工場の生産能力などを考えて、買手の納期までに生産が間に合うかなどを考えて、商談に応じることになるのです。

父は、大きな商談があったときなど、いつもよりゆっくりと食事をしながら、家族にその一部を楽しそうに話していたのを思い出します。

ところで、このような原価の計算のしかた、また値段の決め方は、基本的には今日でも変わっていませんし、中小企業だけでなく大企業でも同じことを行っています。大企業の会計では、原価について製造原価《せいぞうげんか》明細書《めいさいしよ》という資料で、原材料、労務費、経費の3項目について公表することとしています。しかし、公表の資料では個々の製品の原価については明らかにしていません。

でももちろん、会社のなかではそれぞれのレベルに従って費用を集計し、また製品1個あたりの原価の計算をしていることはいうまでもありません。この原価と市場の状況をみながら、販売する価格を決めているのです。

②

大トロと赤身の値段はどうしてちがうの？
——連産品《れんさんひん》の価格決定

● 赤身より大トロの原価が高いわけではない！

魚屋さんが上等のマグロを1匹300万円で仕入れてきました。300万円の1匹のマグロは人手をかけて大トロ、中トロ、赤身、……などに切り分けて、店頭で販売できるかたちの商品として完成しました。この人手を含めた諸費用が50万円かかったとすると、マグロ1匹の全体の原価は350万円（300万円＋50万円）ですが、それぞれ、店頭に並んだ大トロ、中トロ、赤身……の原価はどのように計算したらよいのでしょうか。

マグロ1匹は、頭からシッポまでで300万円で、人手などの諸費用は1匹全体で50万円だったのです。したがって、魚屋さんにとっては原価は全体で350万円であって、原価として大トロが高くて、赤身が安いわけではありません。大トロと赤身の原価はわかりませんが、売値を決めるときに全体の原価を知る必要があることは前の話と同じです。

● マグロ1匹の原価から大トロと赤身の売値が決まる

このようにマグロ1匹分の原価はわかっていても、それぞれの部位が一連のものとして生産されるような場合には、個々の部位の原価はわかりません。そこで魚屋さんは、はじめから赤身より大トロの原価が高いのではなくそれぞれの部位が実際にいくらで売れるかを考えて、赤身を1とすると、中トロは4～5、大トロは10以上を

マグロの原価

大まかなめやす（「日本経済新聞」2006年4月1日付）にして、それに数量を加味して、それぞれの原価を計算します。マグロ1匹の原価350万円を、市価を基本にして割り振ってそれぞれの部位の原価計算をします。この際、大トロ、中トロ、赤身を、マグロ1匹のどの部分までとするかは、魚屋さんの判断となります。このようにして計算された原価をもとにして、店頭の状況をみながら売値を決めることになります。

● 石油もマグロと同じ連産品《れんさんひん》

マグロのように同一の原材料から同じ作業をへて複数の製品が生産され、それぞれどれが主な生産物、どれが副次的な生産物かはっきりしないような生産物を連産品《れんさんひん》といいます。連産品の典型的なものは石油精製業での生産物です。これらは、原油を原料として、これを精製することによってガソリン、ナフサ、灯油、A、B、Cの各重油などの複数の製品がつくられます。これらの原価を計算するとき、前の魚屋さんと同じように、生産物全体の総原価に市価を基礎にした一定の配分基準（これを等《とう》価《か》係数《けいすう》といいます）にもとづいて各油種の原価を計算します。要するに、売れる値段をもとにしてガソリン、ナフサ、灯油などの原価を計算します。

また同時に原油から生産される各製品の総原価に企業がめざしている利益額を加算して、全体の総売上を見積もって、さらにこれをもとに各油種についての売上と利益を見積もって価格を決めます。この際、総原価から各油種ごとの原価を計算する基準はいくらで売れるかという市価にもとづいてなされます。

● オイルショックでわかったこと

ところで、寒波のもどりでふるえるさなかに突然灯油が姿を消す事態が、1973年3月に発生しました。このときの原価の決め方についてみてみましょう。日本の高度経済成長は、石油エネルギーに過度に依存して実現されてきました。こうしたなかで石油精製企業は経済の高度成長を支えながら急成長をしてきました。高度経済成長の破綻が、OPEC（石油輸出国機構）諸国による中東原油価格の大幅な値上げをきっかけとして現れ、日本経済の成長に構造的な行きづまりとなったオイル・パニックへと進みました。そして、石油精製企業の収益性は著しく低下しました。

このような状況のもとで日本石油を中核とする石油大手は企業の収益性を維持するために、1973年から74年にかけて5回にわたって、各社それぞれの原価を出し合い、弱小企業（小規模企業であって製品単位あたりの原価が高くなる企業）が破綻しない水準での製品価格を話し合って決めるというヤミカルテル価格を決定しました。もちろん、これは違法なものです。

この間の事情について、1973年1月の第1回目のカルテルで弱小

マグロも石油も連産品

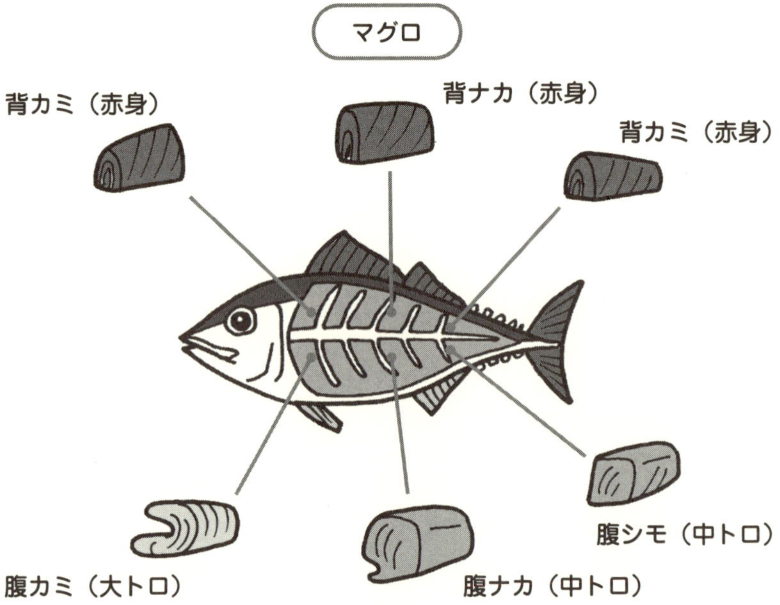

マグロ
背カミ（赤身）
背ナカ（赤身）
背カミ（赤身）
腹シモ（中トロ）
腹カミ（大トロ）
腹ナカ（中トロ）

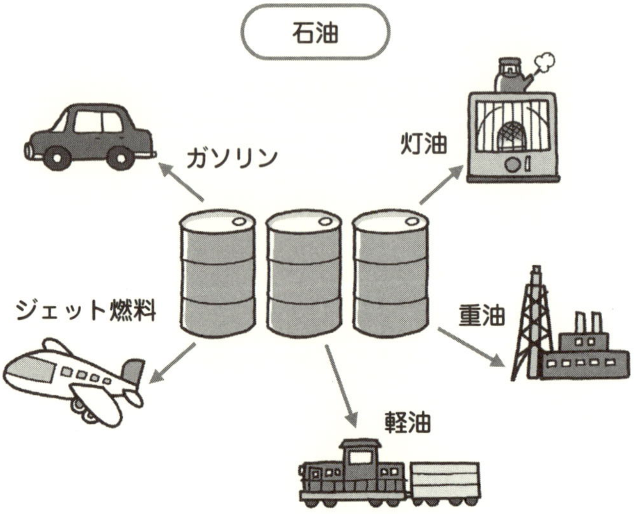

石油
ガソリン
灯油
ジェット燃料
重油
軽油

企業として「保護」された大協石油の中東原油の値上げに際して、従来からの利益の減少部分もカバーできるようにキロリットルあたり平均で680円という価格を、他の石油企業とのヤミカルテルによって実現しようとしました。

ところで、キロリットルあたり平均680円の値上げは、個別の製品についてみるとその値上げ幅は著しく異なっています。総原価から各油種の原価を算出する基礎となるのは市場を基盤とした配分基準である等価係数によります。ところがこれは一般に最大手で市価の価格をリードするプライス・リーダーである日本石油を中心に設定される市場が用いられたのです。これが油種の価格計算の基礎となる原価の計算で差別的に適用されました。

すなわち、一般消費者、中小企業者、農漁民などの社会的弱者の購入する灯油、ガソリン、A重油は高く、石油化学、鉄鋼、電力、セメント、航空などの購入するナフサ、C重油、ジェット燃料が低くなるように適用されました。これによって電力会社などが燃料とするC重油は、原油の輸入価格よりも安くなりましたが、一般消費者が必要とする灯油などの原価、価格は高く設定されたのです。

大協石油では平均680円の値上げになりましたが、各油種によって大きく差があり、各油種の回収ガイドラインとして、キロリットルあたり、ガソリン3,000円、灯油1,500円、A重油1,000円であるのに対して、ナフサ600円、ジェット燃料1,000円、C重油200円の値上げとしているのです。ここでは原油価格の上昇にあたって、石油大手は、ヤミカルテルを設定して、とくに労働者・中小企業・消費者を犠牲にした製品価格の値上げがなされていたのです(詳しくは敷田禮二「独占価格の分析」敷田・大橋編著『企業再構築と経営分析』ミネルヴァ書房、1990年を参照してください)。連産品の原価、価格が公正な計算のもとで設定されるべき制度の確立が求められていることはいうまでもありません。

③

私鉄の運賃はどうやって決まるの？
——公共機関の価格決定

● 消費者には選べない鉄道会社

私は、横浜の東急東横線の妙《みよう》蓮《れん》寺《じ》というところに住んでいます。勤め先の立教大学は東京の豊島区の山手線の池袋にあります。通勤のために東急電鉄とJR東日本の電車を利用しています。片道で東急東横線が260円、山手線が160円で、往復で840円かかります。

ところで、この運賃はどのように決まるのでしょうか。この運賃、私が「高くていやだ！　他の方法で通勤しよう！」と思っても、この電車を利用しないと実際にはとても不便になってしまいます。つまり実際問題として、これで行くしかないのです。また、私の住んでいる地域は東京電力の電気を買っています。またガスは東京ガスです。これらも東京電力、東京ガスの電気、ガスを使うしかないのです。他に私たちの利用できる電力会社、ガス会社は横浜にはないのですから。

このような運輸、電力、ガス会社は、公《こう》益《えき》企《き》業《ぎよう》といわれ、それぞれの地域で独占的に営業活動をします。そうすることによって経済的な効率を確保できるからです。

もし、たとえば横浜に2つの電力会社があったとすると配電設備など重複して町中が、電柱ばかりになってしまうかもしれません。そこで、国は一定の地域に独占的な営業活動を認めるとともに、たとえば料金などを規制して一般の消費者にとって適正なものになるようにしています。

公益企業のいろいろ

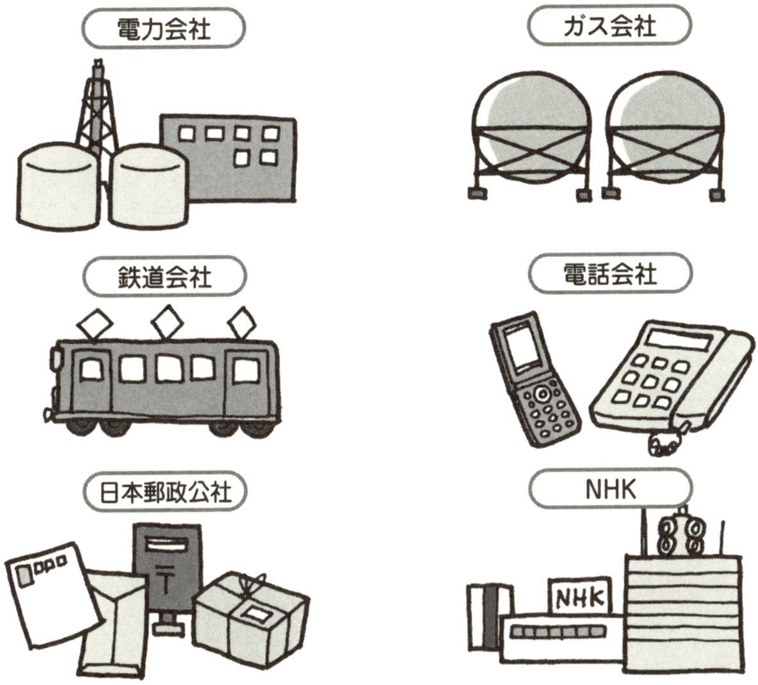

……など

● 国の基準をベースに決められている鉄道料金

ここでは私鉄の運賃の決め方についてみることにしましょう。私鉄企業では、公益企業として一定地域で独占的に運営するため、その料金決定は国土交通省による許可制となっています。また、鉄道部門とその他の部門をはっきりと区分して収支を計算することが難しいため、総括《そうかつ》原《げん》価《か》方式《ほうしき》とよばれるやり方によって運賃決定のための収支計算を行っています。

すなわち、旅客輸送に必要な営業費を中心に原価を計算し、それを「適正原価」として、それに「公正な報酬」としての「事業報酬(利益)」を付加した支出額（これを総括原価《そうかつげんか》といいます）を補うことのできる収入を運賃によって確保するように計算します。まず、将来についての鉄道の運行にかかるすべての費用（総括原価）を計算します。しかしこの際に、すでに説明したように、電車やその他の設備のいたむ額を正確に計算することは難しく、多めに計算する結果になっています。

たとえば電車は13年間使えるものとして計算しますが、実際にはもっともっと長く使えますので、この額は計算では大きく計算されます。またその他にも費用を見積もるにあたって大きめに計算されて、原価が大きくなっています。

また、運賃に上乗せする利益分は、鉄道業のために使う資産の額を計算して、この額に一定の報酬率をかけて計算します。この計算にあたっても利益分が大きくなるような計算になっています。

大きめに計算された原価である「適正原価」と利益分である「事業報酬」をたした総括原価を確保できるように各路線、各区間ごとの運賃を決めていきます。また2000年よりこの運賃の範囲内であれば、いろいろな工夫をすることが認められるようになり、季節ごと、曜日ごと、時間ごとなどの運賃が決められるようになりました。

ところで、この運賃を決める具体的な内容は明らかにされていません。国土交通省と私鉄会社の間でなされています。したがって、私の家から大学までの運賃往復840円は、適正なのかどうか判断できないのです。運賃決定の内容を一般の利用者にわかるようにすべきでしょう。

鉄道の料金に限らず、電気料金、ガス料金、電話料金などの公益事業の料金の決め方は、基本的にはここで説明した鉄道の料金の決め方と同じです。企業は、国によって決められたやり方で料金を算出し、その料金が事業を管轄《かんかつ》する各省庁によって認可されるしくみ

近鉄の資本利益率の推移

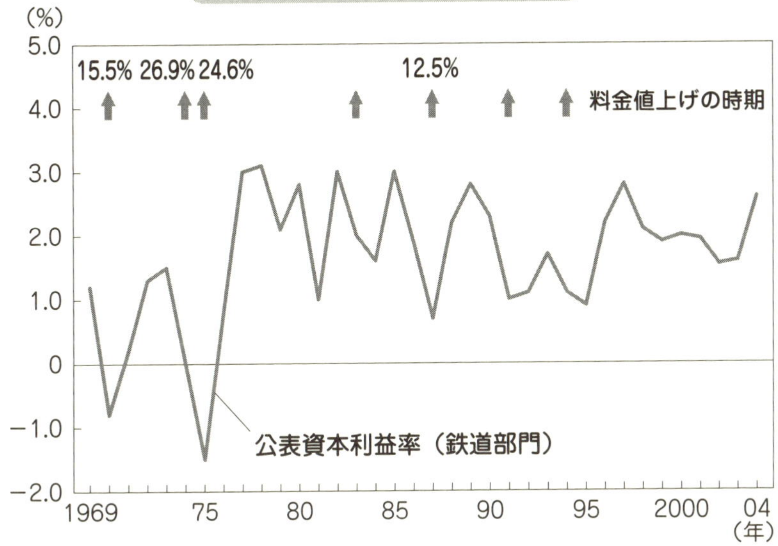

（注）鉄道部門の実質・公表利益率の算出については、大橋英五『経営分析』大月書店、2005年、173ページの表による。
（資料）有価証券報告書・各年版より作図。

です。

● 近鉄はどれくらい儲かっているの？

さて、上図のように近鉄の鉄道部門へ投下した資本額に対してどれくらいの利益をあげてきたかを推計してみました。「推計」とは、詳しい計算のしかたを公表していませんので、いくつかの資料から一定の方法で計算しました（詳しくは大橋英五『経営分析』大月書店、2005年、10章を参照してください）。これによると鉄道部門の投下した資本額に対する1年間の利益の割合である資《し》本《ほん》利《り》益率《えきりつ》は1970年代前半はすでに指摘した石油危機のもとで低い水準ですが、1980年代に入ってからは2%前後と安定した水準にあることがわかります。そして、資本利益率が落ち込むと料金値上げがされている状況がわかります。また図の資本利益率の状況は先に指摘した減《げん》価《か》償《しょう》却《きゃく》費《ひ》などの費用を多く計上した値ですが、これらをのぞくと、実質的には、資本利益率は1970年代前半でも3～6%の高い水準にあるのです。その後も実質的には安定した資本利益率になっています。

私たちの身のまわりの商品の価格、料金は、私たちの目の行きとどかないところで決められているのではないでしょうか。私たちの買う多くのものは、大手の企業を中心に生産され、価格が決められています。そうすると、大手の企業が設定した値段で買わざるをえないのが現状でしょう。

でも、私たちは、公共料金や大企業を中心につくられている製品については、それがいくらでつくられ、いくらで売られているかを知る権利があるのではないでしょうか。

● 原価はどうして秘密なの？

ところで、企業にとって製品のつくり方や原価は企業を運営していくうえでの大切な秘密とされてきました。企業は、他の企業と競争しながら、よりよいものを安くつくることが使命です。それによって利益をあげることができます。それには最大限の工夫、努力をすることになります。したがって、原料に何を使っているか、どうやってつくったか、またどこで原料を仕入れてきたか、またいくらで仕入れてきたかなどということは大切な秘密なのです。したがって製品の原価も大切な秘密なのです。こういう秘密を「営業の秘密」というようにいいます。

そうすると、私が「私の家から大学までの運賃往復840円の原価を知りたい」という主張はまちがっていることになるのでしょうか。

私たちは公共的な料金の設定について、そのプロセスを知る権利があるのではないでしょうか。

④ 安売り航空券の値段はどうやって決まるの？
──価格のダンピングのしくみ

● どんなに遠くのあて先でも郵便料金は同じ

郵便料金が距離に関係なく一定であることは、あまり意識されません。でも、この制度はずっと100年以上も前からあり、ハガキはどこへだしても同じ料金でした。これは近代国家の基本として通信手段を全国的に保障したものです。旧国鉄の料金もこのような考え方で設定されていました。公共の福祉は一般的な生活の権利として医療や老後の生活などのなかでうけるべきものですが、その使役を受ける人たちが財政的な負担を担うべきであるという「受《じゆ》益《えき》者《しや》負《ふ》担《たん》」の考え方が近年では進んできました。でも、基本的な生活する条件は、社会的に保障すべきものでしょう。ここで課題となっている通信手段、交通手段の基本的な条件は、国民が生活するための手段として社会的に保障すべきものではないでしょうか。

● 同じ行き先でも料金の違う航空運賃

ところで、これまでの料金制度が大きくくずれてきています。あるとき、出張で札幌に出かけるときに実感しました。

公益交通運賃である航空料金についてみてみましょう。ANAのサイトをみると、2005年9月で羽田─札幌間は普通運賃で片道2万8,700円、往復運賃の片道分は2万6,150円、「早割」で2万200円、さらに「特割」があって、どういう訳だか誕生日の前後1週間を対象とした「バースデー早割」は1万2,700円になります。同じ羽田─

札幌間が2倍以上もの開きがあるのです。また、最近では新規参入のスカイマークエアラインズで普通運賃で1万円まで値引きされ、競争が激化してきています（「朝日新聞」2006年3月7日付）。

さらに、ある旅行企画会社の「宿泊付き往復航空券」ともなると、9月の中旬にはホテル1泊と往復で2万3,900円というのです。1泊と往復運賃で、片道普通運賃（2万8,700円）より安いのです。この値段だと片道で、普通運賃の片道の3分の1くらいということになります。そうすると、同じレベルの座席に3倍も値段のちがう乗客がいるということです。もっともこの企画では、お盆の時期には5万6,600円になります。航空機は満席でもほとんど空席でも、運航にかかわる費用は大差ないといわれています。そのためいくらでもいいから席を埋めたいというのが採算上の基本的な考え方でしょう。このためいろいろな工夫をこらした販売が行われるのです。

宿泊付きの旅行パックをみると、アシ（航空券などの交通費）、アゴ（食事代）、マクラ（ホテル代）を組み合わせて企画して売り出します。航空機の座席は基本的に過剰なため、「空気を運ぶ」より安売りしても座席を売る必要があります。マクラ産業、アゴ産業は、アシ産業と同様に、基本的には空けておくよりは埋める必要性が高い産業であり、これらがパックにされることになるのです。

● 利用者の少ない路線は割高になってしまう

さらにつけ加えると、東京から札幌への移動と、東京から離島である八丈島に移動する人の航空料金が大きくちがって離島航空の路線は割高になっています。また便数が限られています。離島航空路線は利用者が限られていることから、便数が限られ、コストとしては割高になることはいうまでもありません。でも離島で暮らす人たちにとっては生活に不可欠な交通手段です。私たちは自由に移動し互いに交流することは私たちの生活の基礎であって、このことをで

北海道旅行の航空券を比べてみよう

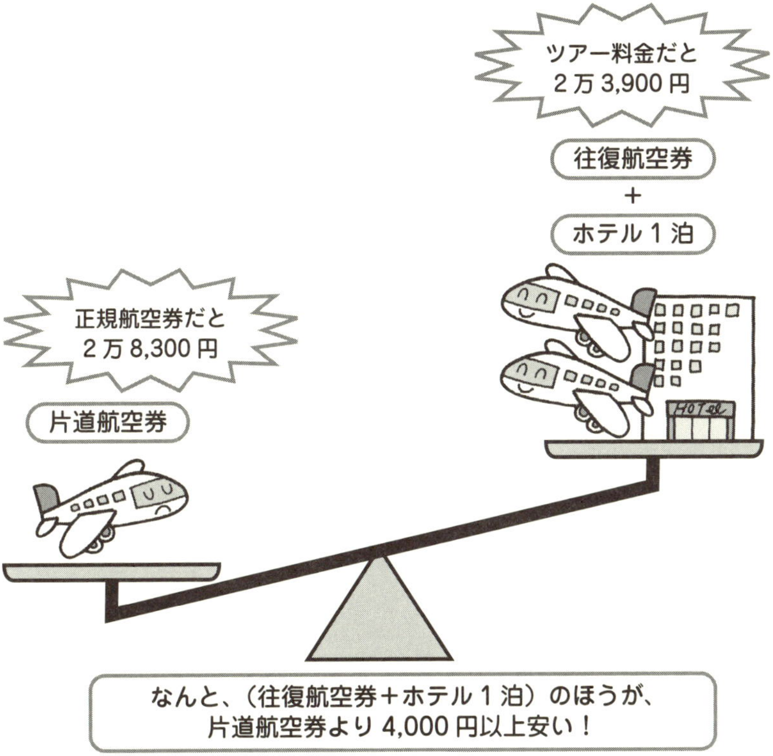

きる限り保障することは社会のつとめなのではないでしょうか。

また、日常的に航空会社の運航の不備が報道されています。こうした航空機の整備不良などの問題は航空会社の収益性・効率性と深くかかわっていることはいうまでもありません。公益交通事業が、「効率性」「経済性」「受益者負担」「規制緩和」の流れのなかだけで運営されている状況はまちがっているのではないでしょうか(詳しくは大橋英五『日本航空・全日空』大月書店、1996年を参照してください)。

⑤

売れ残り商品はどうなるの？

――バーゲン品とスクラップのしくみ

製造業や卸売・小売業ではサービス業などとちがって実際にものとしての商品を扱います。製造業では原材料を仕入れて加工して商品に仕上げて販売します。卸売・小売業では商品を仕入れて、これを販売します。製造したもの、また仕入たものがすべて販売されるわけではありません。いくらかの量が売れ残ってしまうのです。どのような場合に商品は売れ残ってしまうのでしょうか。

● 売れる見込みがはずれた場合

まず、第1は、売れる見込みがはずれてしまう場合です。商品はなるべく大量に扱うことによって単位あたりのコストが下がります。また大量に扱えば利益の量も大きくなります。そこで、会社はどれくらい売れるかの見込みをつけるときに、「少なめに堅実に見積もって、もっと大きな利益を手に入れる機会をのがすか！」、あるいは「多めに積極的に見積もって大きな利益を手に入れるか! 見込みがはずれて大量の売れ残りを出してしまうか！」の判断に迷うことでしょう。会社は、なるべく安くつくって大きな利益をあげたいと思っていますから一般的な傾向としては、売れる量を大きく見込むことになるのです。

たとえば、プラスチックの小箱をつくると仮定しましょう。このためにまず金属の型をつくらなければなりません。この型はけっこう高価です。小箱1個あたりの型の代金は、たくさんつくれば安くなりますが、少なければ高くなります。そうすると会社は、なるべ

商品が売れ残るケース

見込み生産の場合	売れ行きの見込みがはずれた場合
注文生産の場合	破損・失敗を見込んで生産したが、破損・失敗が予想より少なかった場合 注文先の企業が倒産した場合

く多くつくってコストを下げて、たくさん売ろうとします。結果によっては大量に売れ残ることもあるでしょう。

● 注文品が売れ残る場合

このように見込み生産での売れ残りではなく、注文生産の際にも売れ残りがでてきます。たとえば、前に説明した私の父の会社のようにコーヒーのカップ＆ソーサーを1,200個製造しようとする場合に、1,200個をつくり始めたのでは、足りなくなってしまいます。製造の途中で割れたり、作業を失敗したりして製品にならないものができるからです。

そこで会社は1,200個の完成品をつくろうとすると、はじめから一定の量たとえば10%の余裕をもって製造に入ります。つまり1,320（1,200 × 1.1）個をつくり始めます。そして結果的に5%の破損ですんだとすると、5%（66個）が余計になって売れ残ります。また、ときには、1,200個の注文全体が相手企業の倒産などによって納品できなくなることがあります。そうすると、売れ残りと同じ状態になってしまいます。

これらの売れ残り商品は、通常のルートまた値段で売ることはできません。売れ残りをかかえると、会社はいわゆるバッタもの、ハンパものとして安い値で処分するしかなくなります。売れ残りをか

売れ残り商品はどうするか

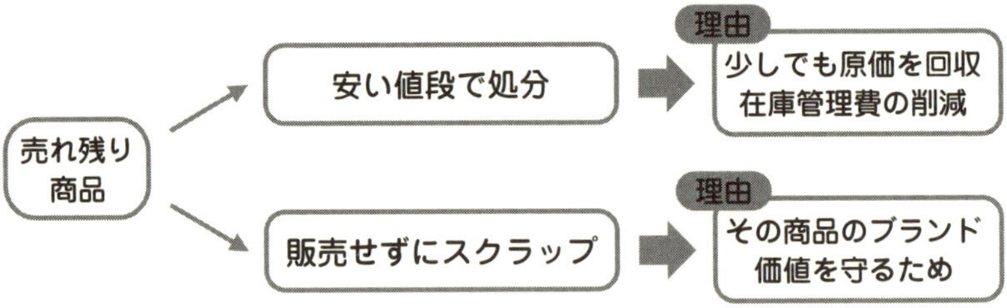

かえていれば保管する費用もかかりますし、商品もいたんでしまいます。こうした商品は一般的にはたとえ安い値段でも早く処分したいと思うでしょう。もっとも、有名で値くずれを避けたい高級なブランドについては、そのブランドの維持のために流通させることなく処分することもあるでしょう。

● 売れ残りは安く売るか？　処分するか？

ハンパもの、バッタものの商品を専門に扱う人たちがいて、多くの売れ残りが大量に仕入れられ、たとえば安売りショップなどに出回ることになります。もっとも安売りショップでは、仕入を工夫した一般の商品も多くあることはいうまでもありません。

売れ残り商品のもう1つの会計上の意味についてふれておきましょう。それは売れ残り商品は、実際に売れば買いたたかれてかなり低い値段で売らざるをえませんが、売れ残りの商品の原価は、正規に販売される商品とかわりません。しかし、会計では正規の価額を、売れ残り商品としての安い値段につけかえなければなりません。ところが、実際には利益があがらないときなどには、これを正規の高いそのままの値段で計上して、価値を失った売れ残り商品の価額を大きく計算して、会社の営業状況をみかけよりよくみせることが行われるのです。

第3部
会計を使って
会社の活動をみてみよう!
(応用編)

第5章

会計でわかる会社のこと

①

大企業と中小企業はどれくらいちがうの？

● 少数の大企業が大部分の利益を得ている

日本のなかには、大小のたくさんの企業があります。でも大企業、中小企業は、いわゆる均等に、バランスよく存在しているのではありません。会社数でみると大企業（後に説明する資本金で10億円以上の企業）は、全体の0.2％の5,700社にすぎません。でも、この0.2％の5,700社の大企業が売上では全体の38.1％を占め、所有する資産の総額では47.6％も占めているのです。さらに、税金などを支払った後の利益では全体の65.8％も占めています（次ページの図と表をみてください）。

日本の社会は99.8％の中小企業と0.2％の大企業があって、0.2％の大企業が全体の利益の0.2％ではなくて65.8％を占めているのです。この資料では金融・保険業が除かれていますが、金融・保険業には大企業が集中していますから、こうした状況はこれらを含めても何ら変わるものではありません。日本の経済は、ほんのわずかな大企業を中心に営まれています。

ところで、大企業で働いている人は、どういう割合になっているのでしょうか。次ページの表によると18.4％となっています。資産、売上また利益の構成比からいうと小さな値となっています。大企業では従業員1人あたりの資産、売上、利益が大きくなっています。

0.2%の大企業が65.8%の利益をあげている

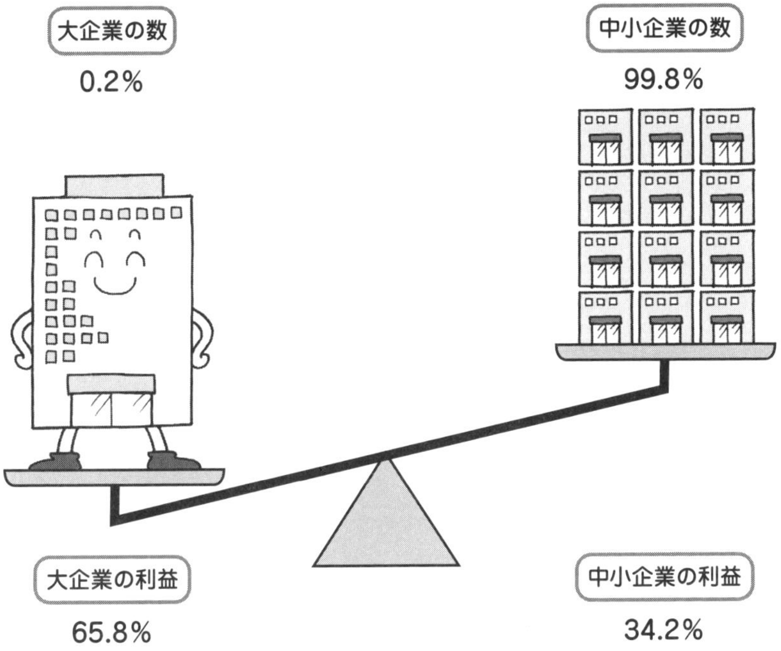

大企業の総資産・売上などの割合

2003年度（単位：10億円、%）

	会社数	総資産	売上	経常利益	当期純利益	従業員
総額（A）	2,638,798	1,230,695	1,334,673	36,198	13,160	36,626
大企業（B）	5,686	585,816	508,531	20,991	8,654	6,749
B／A	0.22	47.6	38.1	58.0	65.8	18.4

（注）総額は金融・保険業をのぞく全産業の値で、大企業は資本金10億円以上の企業の値。
（出所）『法人企業統計年報』（財務省）より作図。

● 大企業の方が中小企業より効率的に稼いでいる

大企業の収益性は中小企業に比べると、とても高いのです。売上高のうちに占める経常《けいじよう》利益《りえき》（企業の経常的な活動のレベルでの利益）の割合を大、中、小企業で比べると次ページの図のようになります。この図によると、企業の規模によって売上高に占める経常利益の割合（利益／売上）である売上高利益率は、全体としては数パーセントですが、それぞれは1%前後もちがっています。

小企業と大企業を比較すると2%前後もちがって、大企業は小企業の2倍以上もの利幅を実現しています。これは、大企業が大規模に生産することによって生産性が高くて、低いコストで生産できることと、もう一方で、もっぱら大企業にしかできないものをつくることによってコストに比べて高い価格で販売することができることによっています。

私たちの社会での企業の構成をみると、ぼう大な売上と利益を確保しているごく少数の大企業と、売上と利益が小さい大多数の中小規模の中小企業から構成されています。このことが、企業の性格を考えるにあたって大きな前提となります。

たとえば、会計の制度、株式会社の制度、製品の値段の決め方などの社会のなかでのいろいろな制度は、大企業の活動がスムーズに進むようにつくられているのです。

● でも、なぜ中小企業はなくならないの？

中小企業は、大企業に比べて、売上高に対する利益の割合は少なくなっていますし、また総資産の額に対しても利益の割合が小さくなっています。つまり中小企業は稼ぎが悪いといっていいでしょう。それなのに、なぜ会社数で99.8%の中小企業が成り立っているのでしょうか。なぜ大企業との競争に負けてなくなってしまわないので

売上高のうちの経常利益の割合を比べてみよう（製造業）

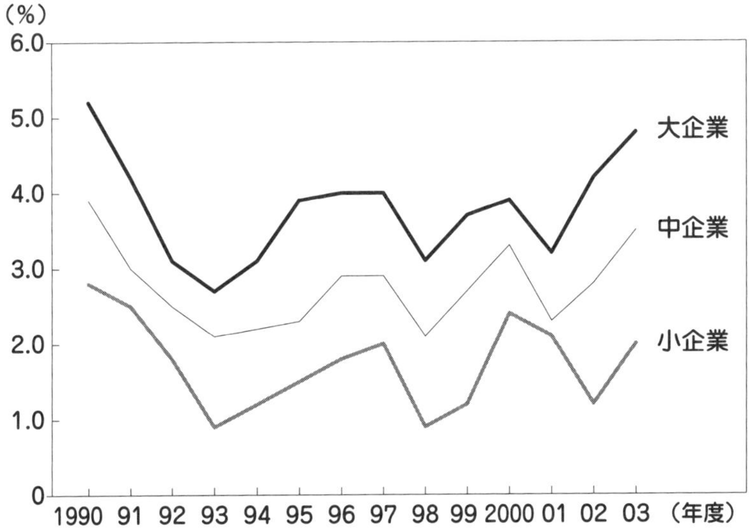

（注）大企業・中企業・小企業はそれぞれ資本金 10 億円以上、5,000 万円以上 10 億円未満、5,000 万円未満の企業。
（出所）『法人企業統計年報』（財務省）より作図。

しょうか。

経済のしくみは、後に説明しますように、大企業が効率的に稼ぐのは、中小企業の利用によって、中小企業に支えられながら成り立っているからなのです。

たとえば、大企業が製造する製品の大部分の部品は中小企業が生産しています。中小企業は大企業にかわって設備投資をし、人を雇って、部品を生産し、安い値段で大企業に納めています。大企業にとって中小企業は必要なのです。あるいは、経済のなかでの製品・サービスは大規模に効率的に生産されるだけでなく、さまざまな創意や工夫による技術を必要とする領域で、生産量は小さくても中小企業は活躍しています。

②

株式会社って どんなしくみなの？

● 会社の種類によって出資者の責任が違う

企業活動は大規模になされることによって、競争相手よりも費用が節約できて、安くつくることができるため、競争に勝ちぬいていくことができます。このことについては後に説明します（146ページ）。そうすると企業家は、規模をできるだけ大きくするために、個人の資金にとどまらず、お互いに出資し合って、企業活動を始めるようになります。これを経済学では「資本《しほん》の結合《けつごう》」といいます。前に説明したオランダの印刷業者は何人かの資産家が出資して営業を行いました。

何人かの資産家の出資による企業のかたちには、今日では合名会《ごうめいがい》社《しゃ》、合資会社《ごうしがいしゃ》、有限会社《ゆうげんがいしゃ》、株式会社《かぶしきがいしゃ》があります。合名会社は、会社が借金をかかえて倒産してしまうような場合に出資者の財産で経済責任を負うしくみで、これを無限責任《むげんせきにん》を負《お》うといいます。合資会社では、無限責任を負う出資者と、会社へ出資した額を限度として責任を負う出資者の2種類の出資者からできています。

ところで、最も一般的な組織である有限会社また株式会社についてみると、出資者はすべて有限責任を負います。つまり会社が借金をかかえて倒産してしまって、会社の財産で返済しきれないような場合に、出資者はその借金を個人の財産で返済する義務はなくて、会社に出資した範囲で負担することになります。

万が一、会社が事業に失敗して出資がもどってこなくなったとし

会社のいろいろ

会社の種類	出資者の構成
合名会社	無限責任を負う出資者のみにより構成
合資会社	無限責任を負う出資者と有限責任を負う出資者１名以上により構成
有限会社	有限責任を負う出資者が１名以上により構成
株式会社	有限責任を負う出資者が１名以上により構成

ても個人の財産にまで影響がないとなれば、営業に詳しくない一般の人たちも出資がしやすくなります。

ところで、有限会社は有限責任の出資者ですが、設立の条件が株式会社に比べて簡単で、出資者の数は50人以下と制限されていて小規模の営業に向いています。一方、株式会社は出資者数の制限はなく、大規模な会社を設立することができます。

● 株式を買うと株式会社の出資者になる

株式会社では、出資が株式というかたちでの証券となって、証券市場で自由に売買されることになります。たとえば具体的に日立製作所の出資者となろうとすると、証券会社に頼んで日立の株式を買うことになります。証券会社は、東京証券取引所などの市場で、そのときの相場で依頼された人のために株式を買って手数料を儲《もう》けることになります。

たとえば100万円の現金をもっている人は、100万円では営業活動はできませんが出資が証券化されていて100万円で日立の株式を買う、つまり100万円を日立に出資する、つまり株主になることはできます。株式会社は一般の人たちが貯めている少額の資金を集めて大きな資本にして、大規模に営業活動を行うしくみなのです。

株式会社の運営のしくみ

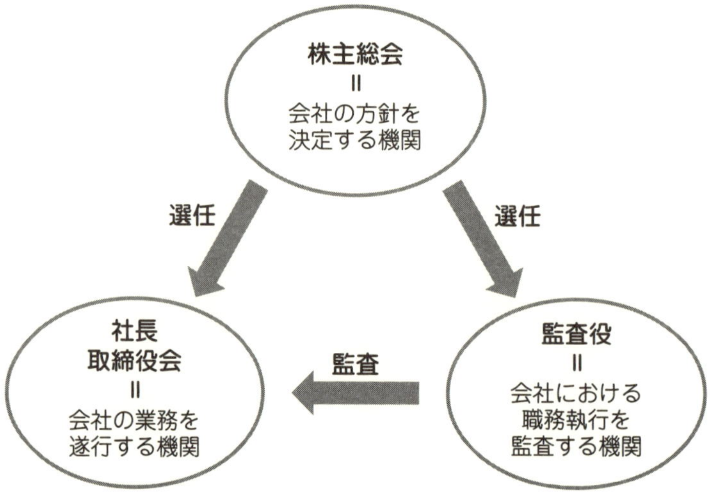

● 株式総会、取締役会、監査役という3つのしくみ

ところで、大勢の人たちから集められた資本は、一定の目的に向かって営業活動を行うことになります。大勢の一人ひとりの考えとはちがった株式会社としての1つの人格をもつことになります。これを法人格《ほうじんかく》といいます。株式会社は、1つの法人格をもって社会のなかで企業活動を行っていくのです。具体的に会社を運営していくために株式会社には3つのしくみ（機関）があります。株主総会《かぶぬしそうかい》、取締役会《とりしまりやくかい》、監査役《かんさやく》の3つのしくみです。

まず、株主総会は株主によって最も基本的な事項を決定します。そこで事業を日常的に行う取締役を選任して業務にあたらせます。ここでの決め方は、1株につき1議決（1票）の原則によってなされます。株主総会で選任された取締役たちは取締役会を開いて代表取締役（たいていは社長）を選任して会社を代表させます。したがって社長は、株式会社を代表して業務にあたることになります。さらに、取締役たちの職務の状況を株主総会で選任された監査役が株主の意を受けて監査することになります。

● 小規模な株式会社もいっぱい

株式会社は、大量の資金を集める制度としてできあがってきました。でも従業員が数人の小規模な株式会社が皆さんの街にはいっぱいありませんか。このことについて説明しましょう。

中小企業の多くは、有限会社、株式会社です。有限会社は前に説明しましたように小規模企業に向いていますが、小規模な株式会社も多くあります。これらの会社は制度的には出資者1人の「1人会社」が可能です。そこで個人的な営業でも会社組織にすることがあります。この場合には株式は未公開で一般には流通しません。こうするといくつかの利点があります。個人の場合、儲け（所得《しょとく》）が高額になるほど、それにかかる税金の率が会社に比べて大きくなります（累進税率《るいしんぜいりつ》）。一方、会社では、家族（奥さんなど）への給与などの支出が費用（損金《そんきん》）として計算されるので、儲けが小さく計算され、税金が低くなります。また、個人の財産が、会社にすることによって、世代がかわるときに相続税、贈与税がかからなくなります。

一方で、個人企業に比べて個人会社の税金が不当に安くならないために規制ももうけられていますが、実際には多くの小規模な株式会社があります。

ところで有限責任のもとでは会社へ貸付《かしつけ》を行おうとすると貸し付ける側は不安になることでしょう。そこで実際には銀行から借入《かりいれ》を行おうとする場合には、経営者（出資者）個人の連帯保証《れんたいほしょう》（会社が借り入れた債務《さいむ》について同じ責任を負う保証）を求められ、個人事業者は個人の財産で現実的には責任を負うことになります。

③ どんな人たちが株主なの？

● 個人から外国の会社までいる株主のいろいろ

株式会社は多くの人たちに出資をつのり、出資者にはその証《あか》しとして株式を手渡します。この株式は東京証券取引所などで自由に売買されます。ところが株式会社が近代的なかたちで成立する以前の中世では、株主になれるのは、貴族や大商人に限定されていたりしました。でも今では、誰でもお金を出せば株主になることができます。それでは現在ではどんな人たちが株主になっているのでしょうか。たとえばトヨタ自動車についてみてみましょう。

トヨタでは2005年3月についてみると、33万人の株主から8,140億円の資金を集めています。33万人の人たちが出資して、1つの目的、政策、方針のもとで会社が運営されているのです。こうした状況は日立製作所でも同じです。株主数はトヨタと同じくらいで、2005年3月で33万人から5,507億円の資金を集めています。

ところで、トヨタ、日立のように33万人の出資者である株主たちは、会社の基本方針を決定する株主総会ではそれぞれ基本的には1株につき1票の決議権（投票権）をもっていて、会社の運営に参加します。もちろん、30万人を超える株主が集って株主総会を開くわけではありません。実際には、株主には、個人で株式を所有する個人株主、銀行や保険会社などの金融機関、さらに日本の個人、銀行の他にも、外国の法人、個人などがいます。それらの株主はどのように株式を所有しているかをみてみましょう。

主な株主の種類

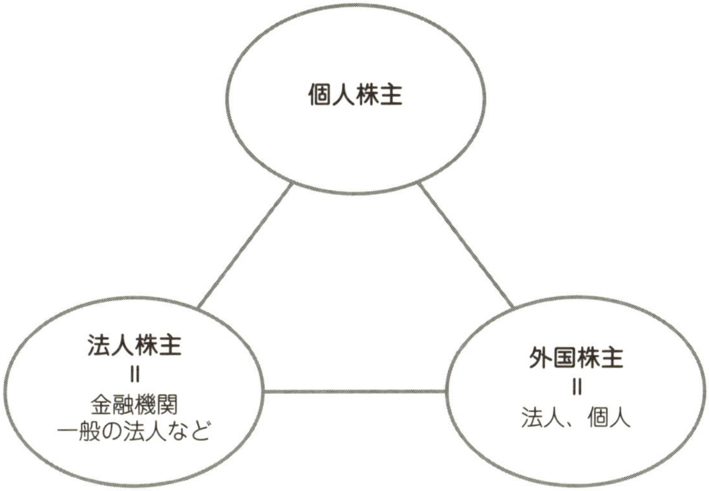

● 会社などの法人株主が多くの株式をもつ

そこで、トヨタの株主たちの状況を次ページの表によってみることにしましょう。33万人の株主の大部分の32.5万人は「個人その他」の一般の株主たちです。この人たちは株主数では全体の98.5％も占めていますが、株式の総株数では全体の19.4％にすぎません。一方、銀行や証券会社などからなる「金融機関・証券会社」の欄では株主数では582社で全体の0.18％にすぎませんが、もっている株式数の量では全体の40.6％も所有しています。

さらに「金融機関・証券会社」に「その他の法人」「外国法人等」を加えると、株主数で全体の1.46％を占めて、総株数では80.7％を所有しています。つまり、一般の株主は32.5万人もいて全体の20％くらいの株式をもっていますが、銀行などの企業の株主は0.5万社くらいで、全体の株式数の80％を所有しているのです。

トヨタの株主の状況

区分	金融機関 証券会社	その他の 法人	外国法人 等	個人 その他	計
株主数（人） （%）	582 （0.18）	3,021 （0.91） 1.46	1,237 （0.37）	325,769 （98.54）	330,609 （100.0）
株式数（百万株） （%）	1,462 （40.6）	600 （16.7） 80.7	842 （23.4）	700 （19.4）	3,607 （100.0）

株式がどのような株主によってもたれているかをみると、今日の大企業では多くの一般の株主が少しばかりの株式をもっていて、わずかな銀行などの株主がたくさんの株式をもっている状況がわかります。こうしたなかで、さらにトヨタの大株主の状況をみると、日本トランスティサービス信託銀行、日本マスタートラスト信託銀行、豊田自動機械、日本生活保険相互会社がそれぞれ株式全体の7.7%、6.7%、5.5%、3.0%の株式を所有しています。

そして、これら銀行を中心とする上位10社の大株主は株式全体の38.2%も所有しているのです。トヨタの株主は33万人もいますが、10社の大株主が全体の40%ちかくの株式を所有しています。

こうした状況は日立でも同じです。日立でも33万人の株主のうち98.5%を占める32.6万人の一般の株主は株式全体の32.0%を所有しているにすぎませんが、「金融機関・証券会社」など4,332社（1.5%）で株式全体の68.0%を所有しています。なかでも銀行を中心とする大株主10社で全体の37.2%もの株式を所有しているのです。

● 個人株主の声は経営者に届きにくい

今日の企業では、そのほとんどが株式会社という法人として営まれています。株式会社への出資は、その大部分が個人ではなく金融機関などの会社によってなされています。個人の出資者は人数は多いのですが、一人ひとりの出資額はわずかです。

こうなりますと、個人の投資家である一般の株主は、実際にはバラバラの人たちですから、株主総会で意見を述べて、会社の経営に反映させることはとても難しくなります。現実には大量の株式をもっている少数の銀行などの意向にしたがって株主総会の決定がなされていくことになります。

さらに、こうした銀行などの金融機関また大きな会社は、お互いに相手の会社の大株主となっています。たとえば、A社の大株主であるB社の大株主はA社となります。さらに、A、Bと同じ関係をAとC、またBとCで大株主にお互いになります。さらに、DがA、B、Cと互いに大株主となるように株式の持ち合いが進んで、会社どうしの結びつきを強めていくのです。

ところで、こうした大企業は株式によって企業の必要とする資本のどれくらいを集めているのでしょうか。2005年3月でトヨタでは全体の9.0%、日立では全体の14.7%にすぎません。他の資金は銀行からの借入であったり、利益をため込んだものです。つまり、日本の大企業では銀行などの金融機関が大企業の株式をもち、多くの資金を貸し付けています。

金融機関、大会社どうしの株式の持ち合いに加えて、大手銀行などの金融機関の多額の貸付をとおして大企業の運営にかかわってきているのです。一般の株主たちは、会社の運営にあたって自分たちの意見を反映させるのはなかなか難しいのが現実です。

④

会社の利益はどこへ行くの？

● 利益は4つの行き先に流れる

企業は、売上などを中心とする収益とそれを実現するためにかかった費用を差し引いて利益《りえき》（儲《もう》け）を計算します。計算された会社の利益は、その後どのようにしてどこへ行くのでしょうか。

日本の製造業全体について、ここ10年間の様子をみてみましょう。次ページの図のように利益額が100あったと仮定しますと、この利益は、まず国税や地方税として、つまり法人税《ほうじんぜい》（国が会社の利益にかける税金）、住民税《じゅうみんぜい》（都道府県などが住所、事業所をもつ個人や会社にかける税金）、事業税《じぎょうぜい》（都道府県が会社や個人の事業にかける税金）といった税金として、その54％が徴収されました。

これは、たとえば法人税では赤字の場合には徴収されませんが、この計算では利益を集計するときにマイナスとなる赤字額も集計されますので税金の対象となる利益額より利益額は小さく集計されています。いずれにしろ100の利益に対して54％もの額が税金としてまず徴収されました。

つぎに26％が株主への配当《はいとう》として分配されました。すでに説明してきたように、株式会社は多くの株主（出資者）から資金を集めて企業活動を行って、半年、1年ごとに中間配当あるいは配当として、企業があげた利益を分配するしくみです。しかし、利益から税金を差し引いた46％のうちの26％しか株主には分配されませんでした。残りの20％は、3％が役員の賞与として、17％が企業の内部にため

利益はこのように配分される（製造業）

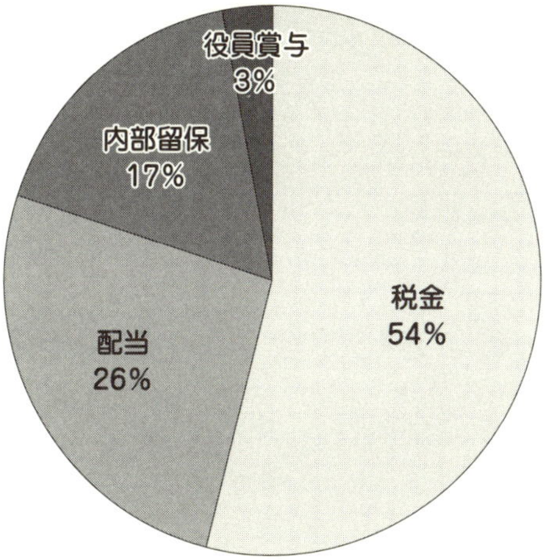

（注）1995～2004 年の合計。
（出所）『法人企業統計年報』（財務省）。

込まれたのです。

● 利益が小さくても株主への配当は変わらない

そこで、さらに企業が税金を支払った後の利益と配当の様子について図（117ページ）によってみることにしましょう。

税金を支払った後での利益の額は、年によって大きく変動しています。もちろん、税金を支払う前の利益額もこれより2倍くらいのレベルで大きく変動していることはいうまでもありません。

図によると、利益を順調にあげている年には利益の半分くらいを配当として分配していますが、利益が小さくなってしまった1998、1999年また2001年には利益より大きな配当をしていることがわかります。配当は利益の分配なのですが、利益があがらない年でも、例年と同じような大きさの配当をしている状況がわかります。

出資者は、配当として安定した額を期待していますので、たとえ、利益を小さくしても、利益額をこえた配当をすることによって例年どおりの額の配当をすることになるのです。そうしないと、その会社への株価が下がって資本を調達するときなどに不都合がおきることになるのです。

そこで企業は利益のうちから少なめに配当して、利益がない年にも配当するように、平均化しています。

● もしものときにそなえて会社は利益をため込む

ところで、税金を支払った後の利益は、配当にあてられた後は、一部は役員への賞与として分配されますが、大部分は企業にため込まれます。会社があげた利益をため込むことを内《ない》部《ぶ》留《りゆう》保《ほ》するといいます。

会社は順調に利益をあげているときには半分以上を内部留保して、利益のあがらない年にそなえたり、企業の新しい活動のための資金として留保しておくのです。そこでつぎに、企業はどれくらい会社のなかに利益をため込んでいるかについて考えてみましょう。

会社がこれまでにあげた利益をどれくらいため込んでいるか、つまり内部留保がどれくらいあるかを分析するために内部留保率（内部留保÷総資本）が計算されます。この比率は会社が調達した資本全体のなかでの内部留保の占める割合を計算したものです。この際、内部留保の計算にあたっては会社の実態にあうように行いました。

そこで、日本の製造業について規模別に大企業（資本金10億円以上）、中企業（資本金5,000万円〜10億円未満）、小企業（資本金5,000万円未満）について総《そう》資《し》本《ほん》のうちに占める内部留保の額をみます。2000年以後には、大企業では40％以上もの額を内部留保によって確保していますが、中企業では35％前後、小企業では25％にとどまっています。

利益の変動が大きくても配当はあまり変わらない

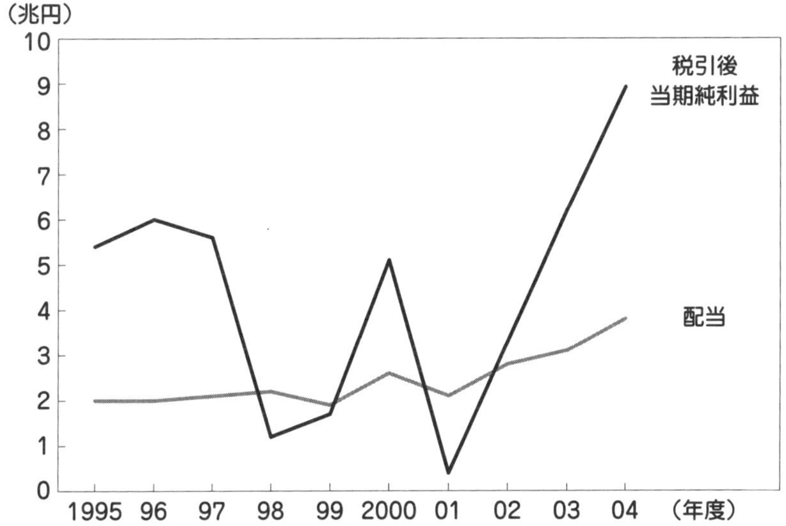

(出所) 製造業『法人企業統計年報』(財務省)。

大企業ではとくに1980年ごろより利益をため込むことが進んできました。なかでも、トヨタ自動車のような儲けの多い企業では、実質的な内部留保率は70%を超えています（大橋英五『経営分析』大月書店、2005年)。

大企業ではとくに、1980年代に入って、設備投資が停滞すると、銀行からの借入が減少することなどもあって利益の留保によって資本を確保する割合が大きくなっています。これに対して小企業では、利益の留保は小さいのが現状です。

⑤

親会社と下請《したうけ》会社はどういう関係？

● 親会社と子会社は決算が同じ

会社は、営業活動を進めていくにあたってその規模に応じて企業集団をつくります。それは、金融と保険というように同じような営業活動を行う会社と集団をつくることもありますし、製品を製造する会社とそれを販売する会社、また国内の会社と海外の会社などで集団をつくることもあります。こうした会社の集団は、たいていの場合は株式の所有によって結ばれます。そして、一定の株式を保有している会社は、子会社として会計の報告書を結びつけて発表することになっています（これを連結決算《れんけつけっさん》といいます）。

● 親会社と下請会社は仕事の受発注でつながっている

ところで、ある会社に出資することによって親会社と子会社の関係となりますが、こうした資本の出資関係がなくても、親会社と親会社の製品のための部品をつくる下請《したうけ》会社という関係があります。

もちろん、部品をつくる会社であって出資によって結ばれている子会社もありますが、多くの部品をつくる下請会社は親会社によって出資されていません。こうした状況は親会社にとっては設備を準備するためなどに必要な資本を節約できることになります。

自動車産業、電気機器業では、多くの部品が生産され、それらが組み立られて1つの製品として完成されます。このような産業を組《くみ》立産業《たてさんぎょう》といったりします。

子会社と下請会社のちがい①

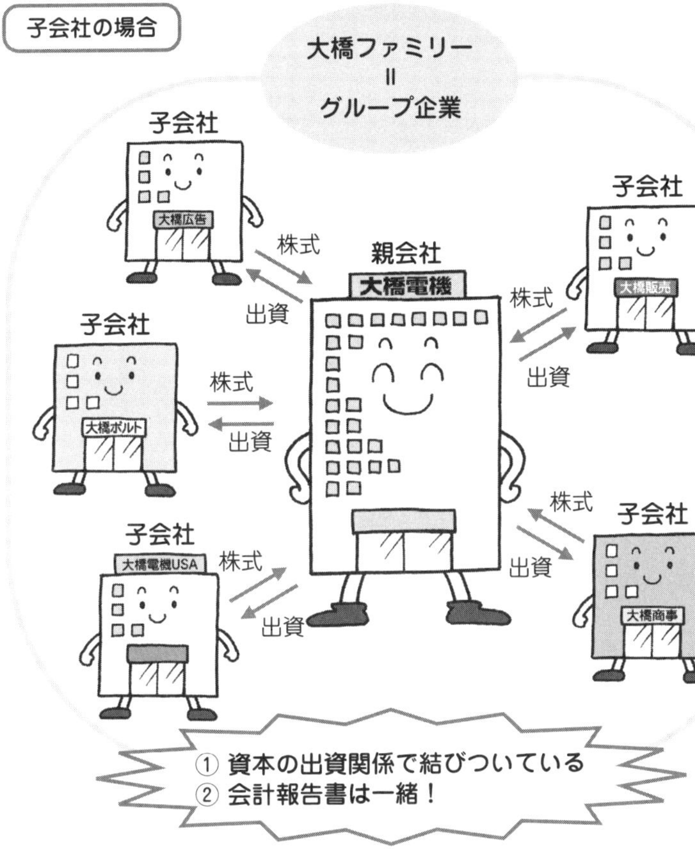

たとえば、自動車についてみると乗用車1台あたりでは、大小数千点あるいは数え方によっては数万点の部品を組み立てて1台の乗用車が完成します。これらの部品をすべて自社で製造することはさまざまな設備をそなえなければならず、また多くの労働者を雇うことが必要となり難しいことです。

そこで、こうした産業では部品をつくる下請会社がたくさんあっ

子会社と下請会社のちがい②

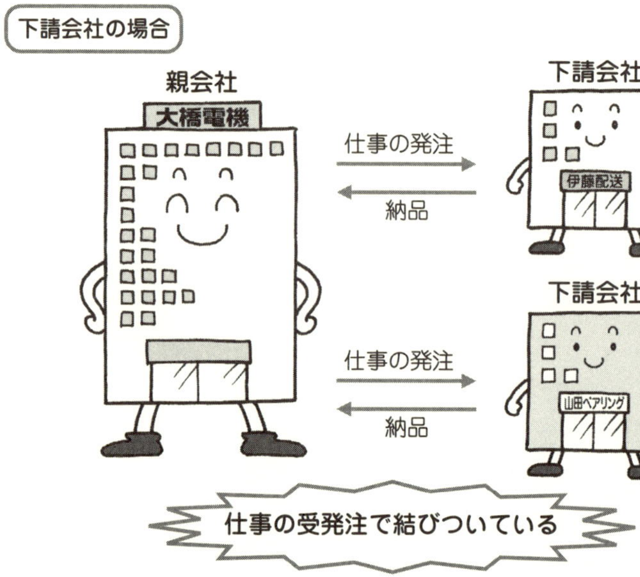

て、いろいろな部品を生産し、これを集めて組み立てます。この際、小さな部品を集めて少し大きい部品を組み立ててもっと大きい部品をつくり会社に納めます。組立産業ではこうした部品をつくったり、加工をしたりする会社が、1つの会社の製品の製造にかかわっています。親会社を中心に、その子会社、また孫会社……と構成されます。子会社、孫会社を、第1次下請、第2次下請……といいます。自動車産業では親会社と部品をつくる会社が一体のものとして構成されています。

そして、トヨタ自動車では乗用車1台あたりの製造原価（販売費や管理費をのぞいた直接製造するためにかかった原価）の約70％もの額が下請会社によってつくられています。トヨタでは、これらの下請会社から、品質を確保しながら、安く仕入れることが最も大

トヨタの部品購入額と利益（売上高に対する割合）

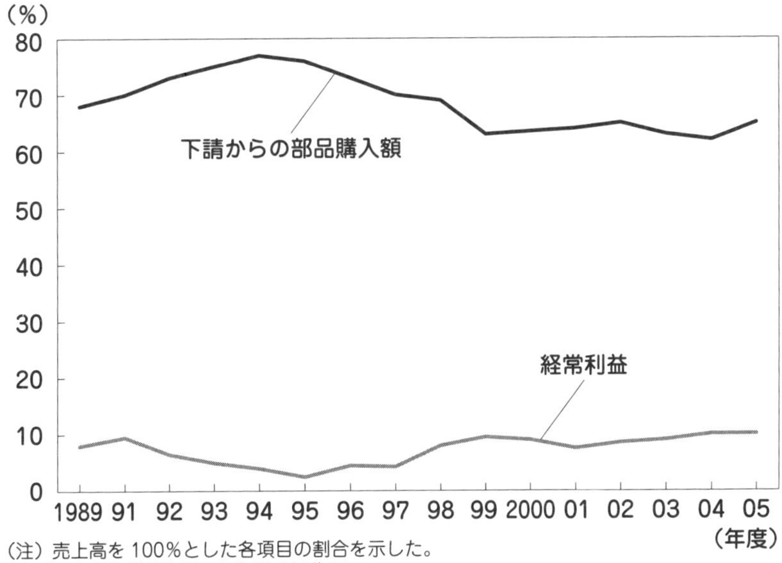

（注）売上高を100%とした各項目の割合を示した。
（出所）有価証券報告書・各年版より作図。

切なことになるといってよいでしょう。そこでトヨタの部品の仕入額の売上高に占める割合を上図に示します。図ではトヨタの部品の仕入額が顕著に減少してきている一方で、利益の割合は増加傾向にあることがわかります。下請会社からの部品を調達するときの価格を厳しくおさえている状況を示しています。こうなると、下請会社ではつぎのようなことがおこります。

● 親会社を支えている下請会社の仕事

たとえば、トヨタの部品の下請会社としてトランスミッションなどをつくるM社は2000年以降2005年にかけて売上が上昇したにもかかわらず、利益は減少してきています。利益が実現できない要因として「納入単価が安くなった」ことをあげ、具体的には「主力製品でのオートマチック・トランスミッションは従来の4速対応から5速対応の部品へとグレードが上がったにもかかわらず、従来どおりの4速の価格での納入が強いられる」といいます。また2次下請であるT社は、小さな板状のバネの納品単価について、「従来は1個あたり6円であったものが、現在では5円に切り下げられており、厳しい利益状況にある」といいます。

トヨタでは自動車の原価全体、あるいは原価の大部分を占める多くの下請会社からの部品の買入単価を切り下げることによって近年では経常的なレベルで10%もの利益を実現しています。

一方、下請会社は、厳しい収益状況にあります。しかし、下請会社は、トヨタにかわって設備投資をし、従業員を雇って部品を供給することによってトヨタの自動車生産の一翼を担っているのですから、赤字が続き倒産ということになれば、部品が供給が難しくなります。トヨタの下請会社の選別によって倒産ということもおこりますが、親会社としては、江戸時代の領主の農民の支配のように「生かさず殺さず」、つまり大きな利益はあがらないが、何とか利益があがる状況をたもつことのできる部品の買い上げ値段を設定することになります。

さらに、このような親会社と下請会社は、トヨタの組立工場の近くに立地して、経済的、効率的に部品を運び、しかも、トヨタの組立の時間に合わせて正確に納品することが義務づけられることになります。このしくみをJIT（ジット）システム（Just in Time System）といい、時間どおりに部品をトヨタの組立工場に届けて効率的な生産をめざします。しかし、下請会社にとっては、トヨタの突然の発注にも対応できるようにたえず、いくらかの部品を準備しなければならず、その分費用がかかることになるのです。

トヨタの高い利益をあげるしくみは、このような下請企業の支えがあってこそ、はじめて可能となっているのです。

⑥ 手形って何だろう？どうして便利なの？

● 支払いを現金でなく証書で行うのが手形

経済での企業相互の売買は基本的には取引と同時に現金の支払いによってなされます。しかし、現金の支払いが同時に行われないことがしばしばおこります。たとえば日常的に頻繁に一定の商店から仕入れているような場合は、支払いは月末に一括してなされますが、これは、そのつどの支払いの煩雑さを省略して売買がなされることによります。

しかし、こうした煩雑さを省略するのとはちがって、商業活動がさかんになるのにともなって支払いが制度的に証書のかたちでなされるようになります。手形《てがた》の成立がそれです。

● 手形は現金の移動を節約するスグレモノ

江戸時代の商人を想定しましょう。江戸に店をもつ商人Ａは、なにわ（大阪）の商人Ｂより米1,000両分を仕入れました。米が江戸に運ばれる一方で1,000両を江戸からなにわに運ぶことになります。また一方で、商人Ａは、なにわの商人Ｃに炭1,000両を売り渡しました。なにわに商品が届くとともに1,000両を江戸に運ぶことになります。

ところで、当時の現金の運送は大変です。海難事故もありますし、山賊に襲われることもあります。また、米を買った商人Ａも、炭を買った商人Ｃも、米や炭が売れて、代金が入ってから支払いた

現金取引の不便なところ

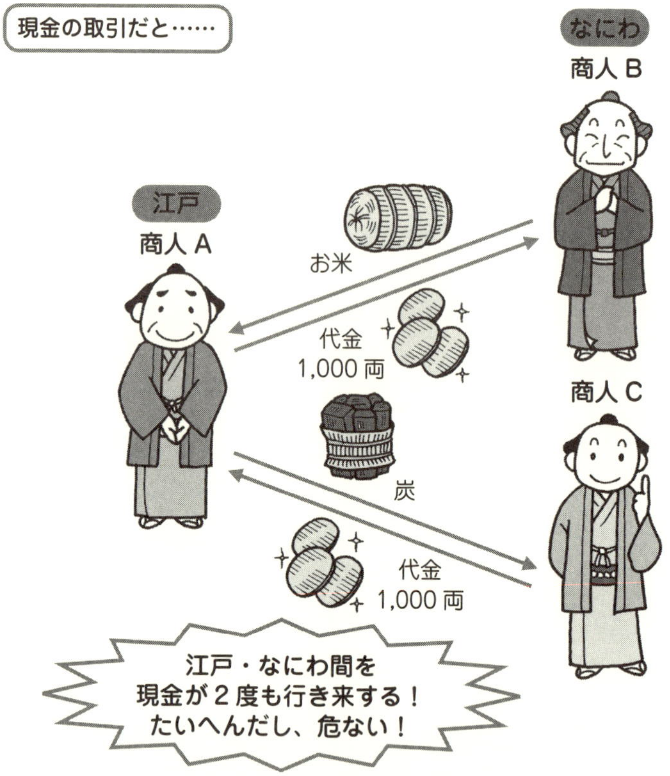

いと思うでしょう。そうすると商人Aは商人Bの了解のもとで２ヶ月後に1,000両を支払うという書類をつくってBに渡します。一方、商人Cも商人Aの了解のもとで２ヶ月後にAに1,000両を支払うという書類をつくって渡します。これらの書類を約束《やくそく》手《て》形《がた》といいます。

さらに進んで、商人Aは、商人Cから受け取るべき1,000両を商人Bに支払ってもらうべく書類をつくって商人Cに同意を求めます。こうした書類が為替《かわせ》手《て》形《がた》といわれます。いずれにしろ手形は、現金での支払いにかえて一定の期日に、一定額の支払いを約束する証書

手形取引の便利なところ

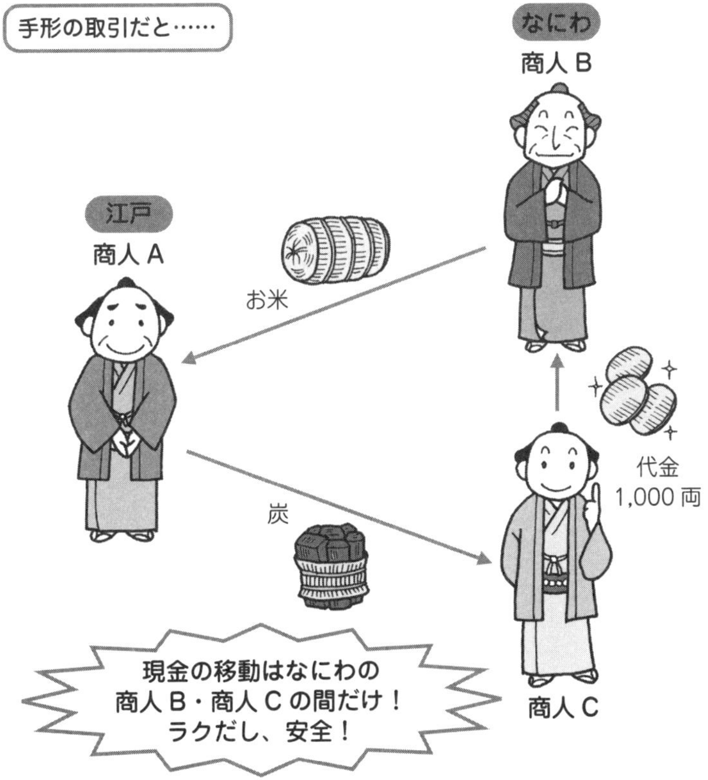

です。これによって直接に現金の運送の危険を避けることができます。1,000両の大金は、東へ西へ移動することなく西（大阪）で商人Cから商人Bへ移るだけですむことになります。こうした移動の省略が大量に組織的に行われるようになります。

ちなみに、手形という言葉は昔は手にスミを塗って手の形を押して自分の文書であることの証《あか》しとしましたが、こうしたことから支払いを約束した自分の文書であることを意味しているのでしょうか。

● 支払いの先延ばしで資金を有効に活用しよう！

さて、約束手形、為替手形は現金の移動の手間を節約するだけでなく、もっと大きな経済的な意味があります。それは支払いの期日を延期して、その間その資金を他の営業活動に利用することができることです。たとえば、前の例での江戸の商人Ａは、Ｂへの支払いを２ヶ月、３ヶ月後に支払うことを約束すると、その米がすぐに売れて代金1,200両が入ったとすると、1,200両は代金の支払いのときまでの２ヶ月間利用することができます。そこで、江戸で短期的に商品を仕入れ売り上げるというような商売をすることができます。こうしたことがいくつかなされれば、もっと長期的な規模の大きい商売をして儲《もう》けることができます。

もっとも、商人Ａは商人Ｂへの支払いの時期を延期しますが、同じようにＣから代金の受け取りも延期するように頼まれることでしょう。Ａは、もらうべきものは早く、支払うべきものは遅くと思います。そうすれば、その間の資金に余裕ができて商売を広げることができるからです。しかし、実際にどうなるかは、取引相手の商人Ｂ、商人Ｃと商人Ａの力関係ということになります。

● 手形の支払い期限はきちんと守ろう！

ところで、このように手形によって支払時期を延期することは、たとえば銀行から借入《かりいれ》を受けているのと同じことです。お互いに手形を出し合って資本として集めた以上の資金量としての営業活動を行うことができます。この制度は今日の社会では一般的になっています。そこで、もし、約束した時期に、支払いができなくなってしまうようなことがおきれば、銀行はその企業の取引を停止してしまいますので、資金のやりくりがつかなくなって企業活動が続けられなくなってしまいます。

⑦ 会計の情報から つぶれる会社がわかる!?

● 手形の不渡《ふわた》りと利益の低下が倒産の原因

会社がつぶれることを倒産《とうさん》するといいます。倒産するということは、前の項で説明しましたように、約束した期日に手形の代金が支払われなくなって銀行がその企業を取引停止にし、企業活動が続けられなくなることです。したがって、この段階では会社が立ち直るような法的な手段がなされます。たとえば、計算上は利益があって資金不足で支払不能となったような場合は、銀行からの融資《ゆうし》がなされるなどの手当がされれば再建できるかもしれないのです。また一方で手形の支払いは何とかすることができても、売上が大幅に減って利益が低いレベルになっている会社もあります。普通はこの2つのことが同時に進みます。

つまり、つぶれそうな会社では、おおまかに手形の支払いができなくなりそうなことと、利益が低い水準にあることです。そこで、こういう状況を会計の報告書から、どのように知ることができるかをみてみましょう。

● 流動比率《りゅうどうひりつ》で手形が払えるかどうかがわかる！

まず、手形の支払いができなくなってしまいそうな会社ですが、これは古くから流動比率《りゅうどうひりつ》という指標が利用されてきました。流動比率は1年以内に返済期日がくる支払手形《しはらいてがた》（支払を約束した手形）、買掛金《かいかけきん》（仕入れをした際に慣行的に後払いになっているもの）、短期借入金（1年以内に返済しなければならない借入金）などの1年以内に支払いをしなければならない負債（これを流動負債《りゅうどうふさい》といいます）に対して、どれだけの支払いのための準備があるかを分析しました。1年以内に支払期日がくる負債のための準備は、現金、預金、仕入られた商品、一時的にもっている株式などの資産（これらを流《りゅう》動資産《どうしさん》といいます）つまり、すぐに支払わなければならない負債に対して、すぐにでも支払いにあてることができる資産がどれだけあるかを計算して、目安としてきました。これを流動比率《りゅうどうひりつ》（流動資産÷流動負債）といいます。

この比率はもうすでに20世紀のはじめにはアメリカで、銀行が会社に貸付《かしつけ》をするにあたって使っていた考え方です。それを銀行家《ぎんこうか》比率《ひりつ》（Bankers Raito）とよんだりします。当時のアメリカでの分析方法はいち早く日本にも導入され、1920年代にはこれらを紹介した本が出版されました。

ところで、当時のアメリカでは、経験的に流動比率は200％（つまり流動負債の2倍の流動資産）であれば倒産の危険はないとされてきました。そこで、日本の会計資料の分析の教科書でも、そのまま、200％以上が安全であるというような記述があります。しかし、銀行を中心とした信用制度が発展した今日の日本の社会では、この比率の全産業の平均は110～120％程度です（財務省『法人企業統計年報』）。これは、支払いのために多額な資金を準備しなくても、健全な営業状態にあれば、そのことが評価されて銀行などからの融資が可能となるような社会的なしくみにもよっています。

とはいっても、支払準備としての流動的な資産が流動負債を大きく下回るような状況は、もちろん健全な営業状況ではなく流動比率はつぶれる会社の大きな指標となります。

流動比率とはなんだろう

Q　流動比率とは

A　1年以内に支払いをしなければならない負債（流動負債）に対してどれだけ支払いのための準備があるかを分析した数値

計算式　（流動比率）＝（流動資産）÷（流動負債）

流動比率をどう読む　かつては理想的には200％　→　現実は110～120％（日本の全産業の平均値）

● 資《し》本《ほん》利《り》益《えき》率《りつ》でその会社の利益水準がわかる！

つぎにもう1つの側面である利益のレベルについて考えてみましょう。会社があげる利益のレベルは、すでに説明したように、1年間に投下した資本額に対して、1年間にどれだけの利益をあげたかという比率である資《し》本《ほん》利《り》益《えき》率《りつ》（利益÷資本）でみられます。日本の経済が高度成長していた1960年から1975年ごろまでは日本の製造業ではこの割合は5～6％でした。

その後、だんだんと下がって、1990年ごろからは3％前後にもなっています。低いときには2％くらいです（財務省『法人企業統計年報』）。

そうすると、一般的にはこの水準を大きく下回る、またマイナスになる状況が長い間つづくことは、決して健全な経営状態でないことはいうまでもありません。もっとも、企業は一時的に赤字になることは決してまれではありません。税務統計によると1990年代なかごろから日本の全法人のうち60％以上は赤字となっている会社

資本利益率とはなんだろう

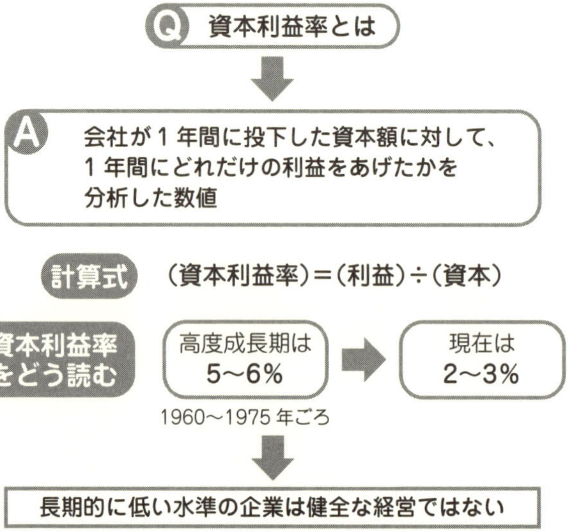
Q 資本利益率とは
A 会社が１年間に投下した資本額に対して、１年間にどれだけの利益をあげたかを分析した数値
計算式
（資本利益率）＝（利益）÷（資本）
資本利益率をどう読む
高度成長期は 5〜6％
1960〜1975年ごろ
現在は 2〜3％
長期的に低い水準の企業は健全な経営ではない

なのです（「税務統計からみた法人企業の実態」国税庁企画課編）。会社の経営成績は短期的には大きく変動します。一時的に赤字だからといってすぐに危険であるというものではありません。したがって一時的ではなく、長期的に資本利益率の水準が低い状況は健全な営業状態ではありません。会社の状況は、少し長期的に、会社がどういう方向に向かっているかという視点から分析することが大切です。

ところで、後に説明しますように、会社は営業状態が悪くなって流動比率や資本利益率が低くなると、これをごまかして決算（これを粉《ふん》飾《しよく》決算《けつさん》といいます）することがしばしばおこります。こうなると、会計の報告書からは、つぶれそうな会社はわかりにくくなってしまいます。

⑧ 会社が発表する会計は正しいの？

● 正しい利益は3つもある!?

会社が発表した会計の内容は、実はまちがっていたというニュースを耳にします。黒字で利益があったと発表されたのに実は赤字で利益《りえき》がなかった、負債《ふさい》（借金）は小さいと発表されていたのに莫大な負債があった、などです。会計数値が不正にごまかされて利益がないのにあるかのように発表します。こうした決算を粉飾決算《ふんしよくけつさん》をする、また英語ではwindow dressingといいます。つまりショーウィンドーを飾り付けるという意味です。

ちなみに赤字、黒字という表現は利益があったときには帳簿ではその額を黒（青）インクで、利益がなくて損失になってしまったときはその額をよくわかるように、あるいは注意を喚起して赤インクで記帳していたことによります。私も学生のころは簿記の授業のときは青インクと赤インクをもって学校へ行きました（少し古い話ですが)。今ではインクで手書きで帳簿をつけることはほとんどありません。パソコンに入力して計算します。そこでマイナスを表示するときには数字の頭に△をつけることになっています。話をもどしましょう。粉飾された（ごまかされた）会計はまちがっていて違法ですが、このことについては後に説明します。

ここでは正しい会計が3つある、つまり正しい利益が3つあることについて説明しましょう。

会社がどのような会計での計算をするかを考えるにあたって、仮に、木製のイスをつくっている木工所を想定してみましょう。このたとえは、機械や自動車の部品の製作所と考えてもいいでしょう。

● 3つの利益は「目標値」「実際値」「公表値」

さて、木工所の主人はまず安くて、丈夫で品質がよくデザインもいいイスを計画します。そこで、予算をつくります。まず、品質のいい材料となる桜の木を5,000万円で仕入れ、さらにイスをつくるための腕のいい職人さんを雇ってその人件費を1,000万円と見積もります。さらに製作にかかわる間の家賃や工作機械の代金（減価《げんか》償却《しょうきゃく》という考え方で使用期間にわたってわりふって計算します）など500万円を集計します。これでイス1,000脚をつくるためにかかる支出（費用）6,500万円を計算します。

全体の費用6,500万円を回収し、利益を1,500万円あげることのできるように1,000脚のイスを8,000万円で売り上げたいと計画します。この計算はイスをつくって販売するにあたっての見積もりあるいは目標としての計算です。このとおりになるようになるべく安くつくって、高く売れるように努力することになります。このような会計を管理会計《かんりかいけい》といいます。

ところで、目標としての1,500万円の利益を確保したいという計算をする一方で、実際にはどうであったかという計算をする必要があります。目標としていた計算とはちがって、実際には、たとえば材料費が値上がりし5,300万となった、人件費も1,200万と高くなってしまった、また売値を買いたたかれて7,800万となってしまって次ページの表のようになったと仮定します。つまり、売上が目標より小さくなって費用が大きくなってしまって利益が目標の1,500万円から800万円に小さくなってしまったとします。表の実質の値は企業が結果として計算した会計の値、また利益の額です。この数値は実質的な会計数値といってよいでしょう。

3つの会計

目標

（単位：万円）

売上	8,000	
費用	6,500	
材料費	5,000	
人件費	1,000	
経費	500	
その他	0	
利益	1,500	

実際

（単位：万円）

売上	7,800	売値を目標より 買いたたかれてしまった
費用	7,000	
材料費	5,300	材料費が値上がりしてしまった
人件費	1,200	材料費が値上がりしてしまった
経費	500	
その他	0	
利益	800	目標より 700 万円の減

公表

（単位：万円）

売上	7,800	
費用	7,200	
材料費	5,300	
人件費	1,200	
経費	600	節税のため、減価償却費を計上
その他	100	節税のため、貸倒に関する費用を計上
利益	600	実際の数値より 200 万円の減

ところで、企業はこれらの実質的な利益（数値）、あるいは前に説明した目標としての利益（数値）を発表するのではありません。発表する利益には、つぎのような計算がおり込まれることになります。企業があげた利益には法人税という税金が利益額に対して40%くらいかかります。また、その他にも利益に比例して税金がかかります。そうすると、企業にとっては利益を多くあげたいのは当然ですが、多くあげると多額な税金がかかります。このことを考えると企業は、なるべく多く利益をあげたいのですが税務署に報告するときには小さくしたくなります。

また国は産業政策を進める立場から、たとえば先端技術をもつような育成すべき産業、あるいは自然環境をまもるために工夫した設備をそなえる企業などに税金を安くすることがあります。一般的にも企業を優遇して経済を活性化する政策をとってきました。このために利益を計算するにあたって、費用を多く計算することを認めています。

この際、すでに説明したように、設備の減価償却費や債権《さいけん》の貸《かし》倒《だおれ》の見積もりを大きめに計算することになります。そこで公表するときの数値では減価償却費を100万円、貸倒に関する費用を100万円、計200万円多く計上したとします。そうすると前ページの表のように公表の費用は7,200万円となって、利益は600万円になります。

会計の利益（数値）は、前ページの表に示すように目標としてかかげた1,500万円、実際にあげた800万円、さらに税務署に提出する書類での600万円ということになります。最後の600万円が基本的には、企業が発表する利益ということになり、税務署をはじめ、株主、債権者、その他の人たちに知らされることになります。そして、3つの利益は、それぞれ正しい利益ということになります。

第6章

企業のフシギな活動と会計

①

会社の株価はどのように決まるの？

● 問題：ニワトリはいくらで売れるでしょうか？

今、仮に市場でニワトリのヒナを1羽500円で売っていたとしましょう。市場で3羽のヒナを買って育てました。親ドリになった3羽をA、B、C、とすると、Aは1日に1個のたまごを生みます。Bは1日に2個、Cは2日に1個のたまごを生みます。ところで社会では平均的にはニワトリは1日に1個のたまごを生むとすると、このニワトリを市場にもっていくと、いくらで売れるでしょうか（なお、ニワトリは肉用ではなくたまご用で、トリ肉としての価値は無視します。またエサ代などの諸費も無視して考えることにします）。

● 解答：生むたまごの数で値段が決まる

答えは、Aは500円、Bは1,000円、Cは250円です。

ニワトリはたまご用ですから、ニワトリの値段はどれだけのたまごを生むかによって決まります。一般的にニワトリは1日に1個たまごを生みますから1日に1個のたまごを生むものは市場では500円の値うちがあります。したがって2個生むトリは2倍の1,000円、半分しか生まないものは250円の値段がつくことになります。この際たとえばBのニワトリは500円と1,000円の2つの値段をもつのです。つまり、実際に支払った500円という現実的な値段と、たまごを生む量によって市場でつけられた値段をもつことになります。

問題：A、B、Cのニワトリはいくらで売れるの？

答え

Ⓐ 500円　Ⓑ 1,000円　Ⓒ 250円

計算式  個 ⇒ 500円とすると

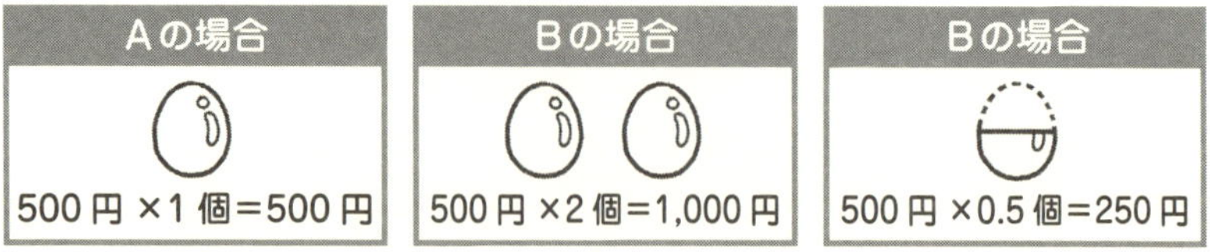

● 株価も配当金の額が大きく影響する

ところで、株価にも基本的にこのようなことがおこります。今、仮に、500円である会社の株式を買ったとしましょう。いいかえると会社に500円を出資したとしましょう。そしてこの株式の配当金《はいとうきん》（会社があげた利益を株主に分配するお金）が1年間に50円であったとしましょう。

ところが一般的には、多くの会社の配当は500円の株式について25円であった、つまり社会的平均的には25円であったとします。そうすると25円の配当をする株式が500円の値段がつき、50円の配当をする株式は2倍の1,000円の値段で売ることができます。経済学では株価はこのように実際に支払った価格と配当の大きさによってつけられるもう1つの価格をもつとされています。そして、株式はこの1,000円という価格で市場では売買されるのです。

ところで、株価は、実際に支払われた配当額によってそのときどきの値段が決まるのではなく、これからいくらの配当がされるのか、買手のそれぞれの予測、予想によって決まることになります。今後

いくらの配当を生むかそれぞれを予想して、買ったり、売ったりします。したがって株式の値段は、この予測の内容によって大きく変化します。あるいは、配当額の予測だけではなく、もっと広く今後の経営方針や戦略、さらに景気の動向などの予測にもとづいて変動するのです。

そこで、株価が予測にもとづいて変動すると、一定の条件のもとでは、株価につぎのようなことがおこるのです。歴史的な事例を紹介しましょう。

● 最初のバブル経済は18世紀のイギリス

18世紀のはじめのころのイギリスの話です。このころイギリスは世界各地に進出していました。そしてイギリスで南海会社という株式会社が設立されました。この会社はアン王女の特許状のもとで南アメリカの東西海岸での貿易の独占権をはじめとする特許が与えられて設立されました。将来の成果を大きく期待した宣伝がされ、それを期待して株価は数ヶ月で10倍あまりにも大きく上昇しました。また、他にも多くの株式会社が設立され全国的に熱狂的な株式投資の波が広がったとされています（馬場克三『株式会社金融論』森山書店、1965年、34ページ）。

しかし、南海会社をはじめとして、それぞれの会社はみるべき成果はなく、これらの会社への出資つまり株式は暴落することになりました。これは南海泡沫恐慌《なんかいほうまつきょうこう》とよばれています。

日本でも1990年前後を中心に株価、地価が高騰した時期がありました。この時期の状況をバブル経済というようにいいます。この言葉は、イギリスでのバブル（bubbles）、つまり泡沫（あわのこと）からのものです。

日本の1990年ころのバブルについてはつぎに紹介しましょう。

● アブク銭を狙った投機が経済を破壊する！

ある投資額が、一定の予測される成果をもとに市場でもう1つの価格をもつことはすでに説明しました。しかし、予測される成果からはなれて、たんに値上がりをもくろんで売買がされると、まさにアワのようにふくらんでいくことになります。このように、たんに値上がりを期待して資金を投下することを投機《とうき》といいます。こうした投機ブームは、着実な経済活動がなかば破綻した状況のなかでおこります。会社についての的確な分析から離れた株価で、それぞれの投資家は「自分の買ったときより高くなったら売り払おう」と思って買います。しかし、ある時点で株価は、株式の本当の収益性に見合った値段に、ちょうど大きくふくらんだアワがはじけるように暴落します。

このような値上がりだけを期待した投機がなされることは、私たちはいろいろなところで経験してきたのです。最近では1990年ころの土地ブームがありました。経済の高度成長が終わって、設備などへの資金の使い道がなくなると、その資金は土地へと投機されました。本来の土地の利用価値をこえてたんに値上がりを期待して買手が集まり、どんどん値上がりして東京では2～3倍にもなりましたが、その後、暴落したのです。

こうした状況のなかでたとえば銀行から借金をして土地を買ったとします。1億円を借金して買った土地を3億円で売れば、借金を返して2億円儲《もう》かります。ところが、1億円借金して地価が暴落して3,000万円になれば、そのとき売って3,000万円を返せば7,000万円の借金だけが残ります。多くの人たちは、土地ブームのなかで借金だけが残ったのです。土地への投資もちろん、会社への投資も、土地の経済的な状況、会社の営業活動の的確な評価にもとづいてなされることが基本なのです。

土地投機で大損害、の巻

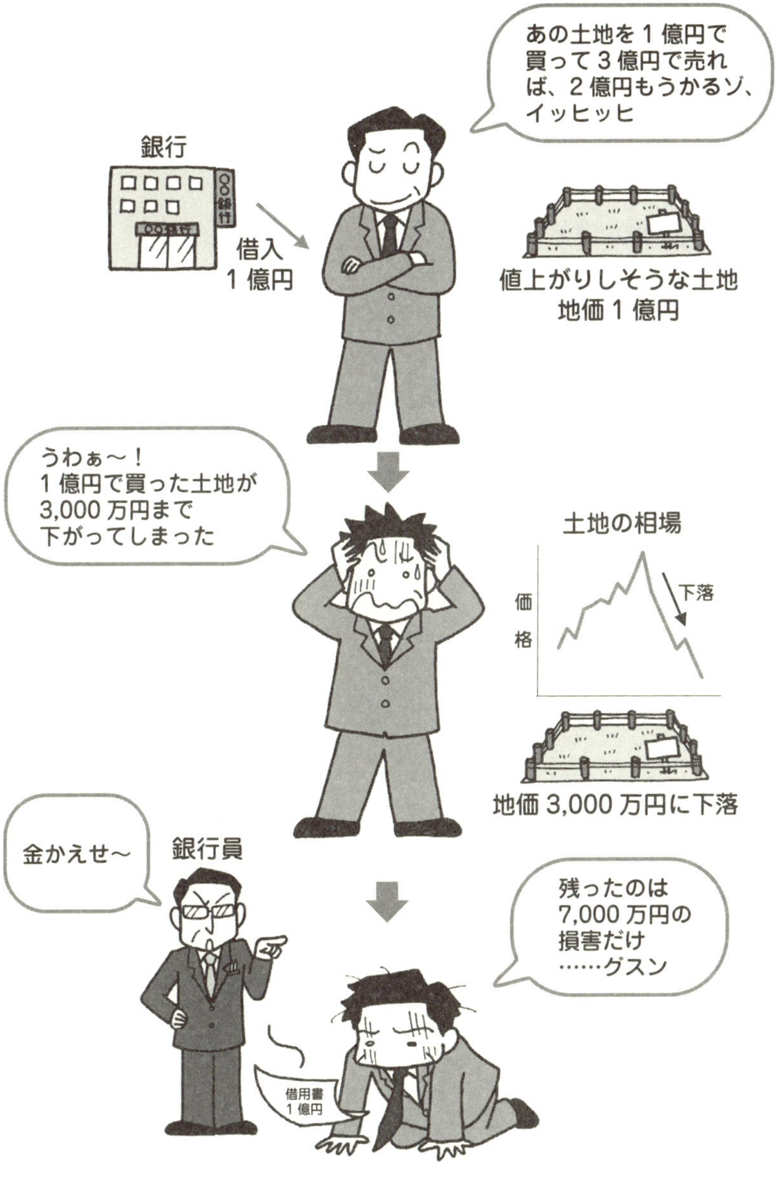
あの土地を1億円で買って3億円で売れば、2億円もうかるゾ、イッヒッヒ
銀行
○○銀行
借入
1億円
値上がりしそうな土地
地価1億円
うわぁ～！
1億円で買った土地が3,000万円まで下がってしまった
土地の相場
価格
下落
地価3,000万円に下落
金かえせ～
銀行員
残ったのは7,000万円の損害だけ……グスン
借用書
1億円

②

勘定《かんじょう》合って銭《ぜに》足らず！ 黒字倒産《くろじとうさん》はなぜおこる？

● もらうのは現金で！　払うのは手形で！

会社の活動は、資金を集めて、集めた資金で設備を買ったり、商品、材料を仕入れたり、人を雇って給料を支払ったりして、新しい商品をつくって売り上げます。こうすると支払った額よりも返ってきた額のほうが大きくなります。この大きくなった分が儲《もう》け（利益《りえき》）です。これらの支払いと受け取りがすべて現金でなされていれば、儲けと増加した現金の残高は一致します。

ところが、すでに説明したように支払いはいつも現金でなされるわけではありません。たとえば材料を仕入れても「後ほどお支払いします」という手形で支払いをし、また商品を売り上げたときにも「後ほどお支払いします」という手形で受け取ることになります。すべて現金で取引されないと、支払う額と受け取る額の差額の儲けは現金の増加額と一致しなくなります。会社は、受け取ることのできる売上はなるべくすぐに現金で受け取り、支払うべき仕入はなるべくゆっくりと支払おうとします。

どういう条件で手形を支払い、受け取るかは、会社どうしの力関係によって決まらざるをえません。力関係で強い立場にある会社は、相手にもらうものはなるべく短い期間の手形で、払うものはなるべく長い期間の手形にすることを強いることになります。たとえば、電気機器の組立製品や自動車などのように多くの部品からなる製品の製造では、親会社は下請会社に対して部品を納入してからの代金の支払期間が長くなる傾向があります。とくに不況の時期には、数ヶ月後の支払いということがおこります。

● 半年で2回手形が支払えないと会社は倒産

ところで、このように現金による取引だけでなく、手形による取引が一般化してきますと、手形の支払いを制度的に確保しなければなりません。そこで、もし、約束した期日に手形の条件を守れなくなると社会的に厳しい判定がつけられることになります。つまり、支払うべき手形が6ヶ月間に2回、支払えなくなると銀行はその企業を取引停止処分とします。

銀行との取引が停止されるということは、取引のほとんどの決済は銀行をとおして行われますので実質的に営業活動ができなくなり、その企業は「倒産」したことを意味します。手形で支払を延ばすことはとても便利な制度ですが、この支払が守られなくなると社会全体の企業活動に大きな影響を与えてしまうからです。

● 黒字企業でも倒産するの!?

話をもとにもどしましょう。「後ほどお支払いします」という手形で決済がされるので、売り上げてもなかなか現金で支払ってもらえなくて、一方で仕入れた代金の支払いの期日がやってきてしまうことになるということがおこります。こうした状況を「勘定《かんじょう》合って銭《ぜに》足らず」といいます。つまり、仕入と売上の収支の計算はプラスなのに実際に現金が不足してしまい支払い不能となってしまうという意味です。

また、実際にこのような状況で倒産してしまうことを、黒字倒産《くろじとうさん》といいます。利益が計算上はあがっている（黒字である）が、支払不能になって倒産してしまう状態をいいます。

黒字倒産のしくみ

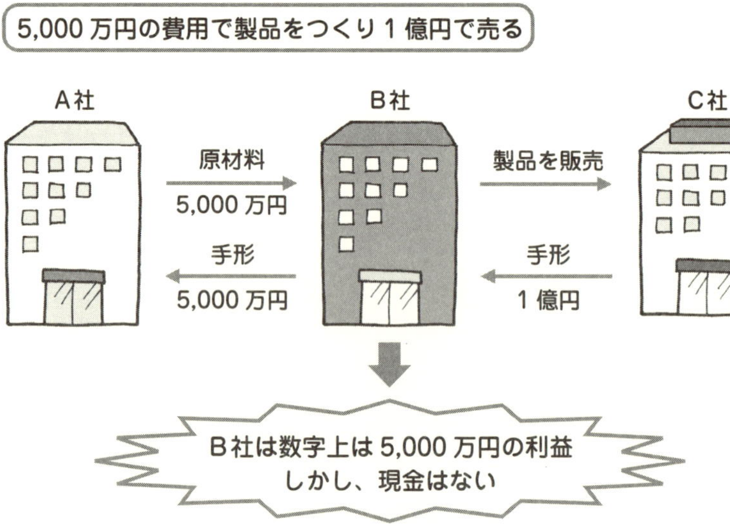
5,000 万円の費用で製品をつくり 1 億円で売る
A社
B社
C社
原材料
5,000 万円
手形
5,000 万円
製品を販売
手形
1 億円
B社は数字上は 5,000 万円の利益
しかし、現金はない

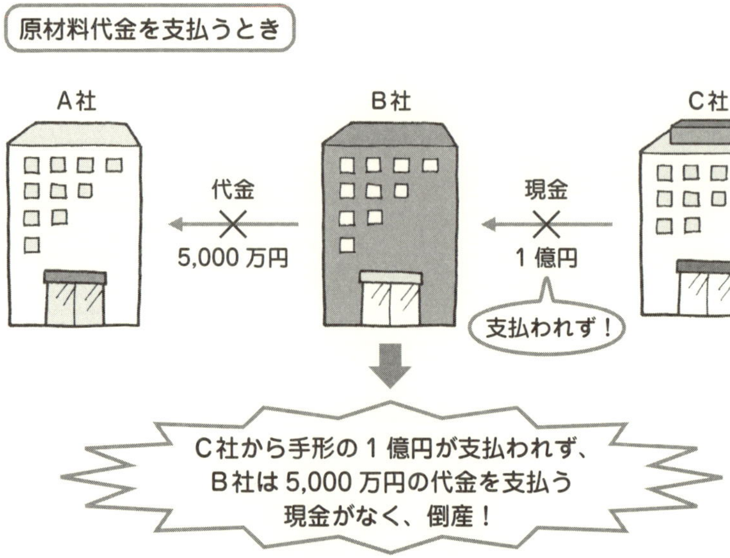
原材料代金を支払うとき
A社
B社
C社
代金
5,000 万円
現金
1 億円
支払われず！
C社から手形の 1 億円が支払われず、
B社は 5,000 万円の代金を支払う
現金がなく、倒産！

連鎖倒産のしくみ

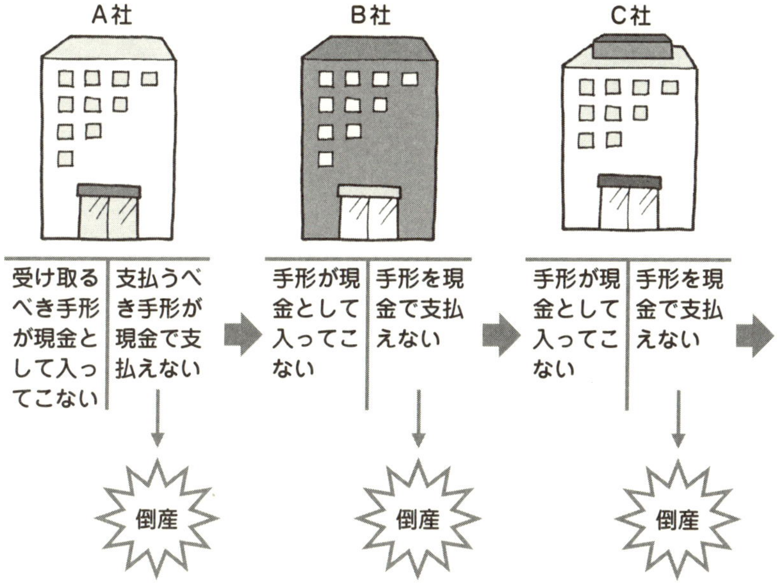
A社
B社
C社
受け取るべき手形が現金として入ってこない
支払うべき手形が現金で支払えない
倒産
手形が現金として入ってこない
手形を現金で支払えない
倒産
手形が現金として入ってこない
手形を現金で支払えない
倒産

● おそろしい連鎖倒産《れんさとうさん》

さらに、あるA社が支払不能になって倒産すると、A社に商品を売り上げてその代金を受け取ることになっていたB社は代金が入らなくなり、原材料を仕入れたC社への手形が支払えなくなり倒産してしまいます。さらに、C社は売上代金が入らなくなり支払手形を期日に支払えなくなって倒産することになります。このように、A社が倒産すると、B社、またC社というように、連鎖的に倒産が進んでしまいます。こうした状況を連鎖倒産《れんさとうさん》といい、経済が長期にわたって停滞するとしばしばおこります。

もちろん、この際、連鎖の出発点は手形の受け取りを延ばされ、支払いを早められる中小の会社から始まることになるのです。

③

企業規模が大きくなると どんな効果があるの？

● 規模が大きいほうが節約できる！

企業は、大きくなろう、大きくなろうとします。それでは大きくなるとどんな効果があるのでしょうか。このことをまず製造業や輸送業での設備が大型化する場合で考えてみましょう。

仮に鉄でできた立方体を考えてみましょう。この立方体は、化学工業での反応装置と考えてもいいし、あるいは輸送業での船舶、車両、トラックの荷台と考えてもいいでしょう。ともかく、鉄板で1辺amの立方体の箱をつくるとしましょう。そうすると鉄板の表面積は、a^2m^2の面積が6面で$6a^2m^2$となります。

一方そこに入れることのできる容積はa^3m^3となります。そこでこの箱を大きくして1辺を2a､3aとすると仮定します｡すると右ページの表のように、鉄板の表面積は$6・4a^2m^2$、$6・9a^2m^2$と2^2倍、3^2倍大きくなり､中に入れることのできる容積は$8a^3m^3$､$27a^3m^3$と2^3倍、3^3倍と大きくなります。

そこで、大きな箱になっても鉄板の厚さは同じだとすると立方体をつくる鉄の量は容積単位あたりでは2分の1、3分の1と少なくてすむことになります。つまり箱（設備、装置）の建設費は安くてすむことになります。

もちろん箱を大きくすることによっていくらか鉄板を厚くする必要があるし技術的にも費用がかさむことになります。しかし、箱を大きくすることによる鉄板の節約はこれらの費用より、ずっと大き

立方体の表面積と容積

1辺の長さ m	表面積 m^2	容積 m^3	表面積／容積
a	$6a^2$	a^3	6／a
2a	$6 \cdot 4a^2 = 24a^2$	$8a^3$	3／a
3a	$6 \cdot 9a^2 = 54a^2$	$27a^3$	2／a

いのです。

こうした効果を「規模の効果」といいます。日本の企業は、とくに第2次世界大戦後の経済の高度成長期にはどんどん設備を大型化して、生産性を上げてコストを下げて、世界的な競争力をつけてきました。

● 大量生産ならコストは減っていく

装置、設備の大型化の例を紹介するとしましょう。石油化学工業では、まずエチレンをつくりそこから多様な生産物を製造していく工業です。エチレンは石油化学工業でも最も基本的で重要な原料です。ところで、このエチレンの製造設備は、第2次世界大戦後の重化学工業化が始まった当初、3万〜4万トン／年という規模でしたが、10〜20年の間に30万〜40万トン／年というように大型化していきました。

また鉄鋼業での多種多様な鉄製品の基礎となる銑鉄を生産する高炉の炉容は当初は数100m^3でしたが、最近では5,000m^3というように非常に大型化しています。

このような設備の大型化による製造原価の低減の効果に加えて、大量に製品を取引することによって生産過程での事務費用、また、輸送費用などについても単位あたりの費用を小さくする効果をもたらすことはいうまでもありません。

● 売れる数が少ないと大きな設備は逆効果

ところで、こうした大規模化は、設備の利用が十分になされて効果がでます。たとえば、10万トンと40万トンのタンカーを比べると、積載能力がいっぱいに原油を運ぶ場合には40万トンタンカーがコストの面で安くなりますが、不況下で運ぶ原油が少なくなり、それぞれ10万トンの原油を運ぶ場合には、10万トンタンカーのほうがコストは安くなります。

次ページの図のように原油40万トンを輸送する場合、10万トンタンカーでは、1そうあたり1,500万円の輸送費がかかって合計で6,000万円、40万トンタンカーでは4,000万円の輸送費がかかり、40万トンタンカーのほうが安くなります。一方原油10万トンを輸送することになった場合には、タンカーごとの輸送費は原油量には大きく影響されないため、10万トンタンカーでは1,500万円、40万トンタンカーでは4,000万円で10万トンタンカーのほうが安くなってしまいます。

つまり、設備の大型化は不況期で需要が低下した際には、その痛手が大きいことになります。日本の企業の最近の状況は、世界的な不況下でこれまでの設備が遊休化して設備過剰の状態にあり、その収益性が低下しています。

製品の原価は、大型な装置や機械によって生産することによって製品単位あたりの原価が小さくなります。しかし、大型の装置機械を導入するためには莫大な資本が必要となります。また大型の装置・機械が十分に稼働できるほど売上が実現できるかは予測にもとづきます。企業は、設備の導入の効果と売上の予測のなかで新しい設備投資を判断することになります。

小さな生産量には小さな設備が効率的

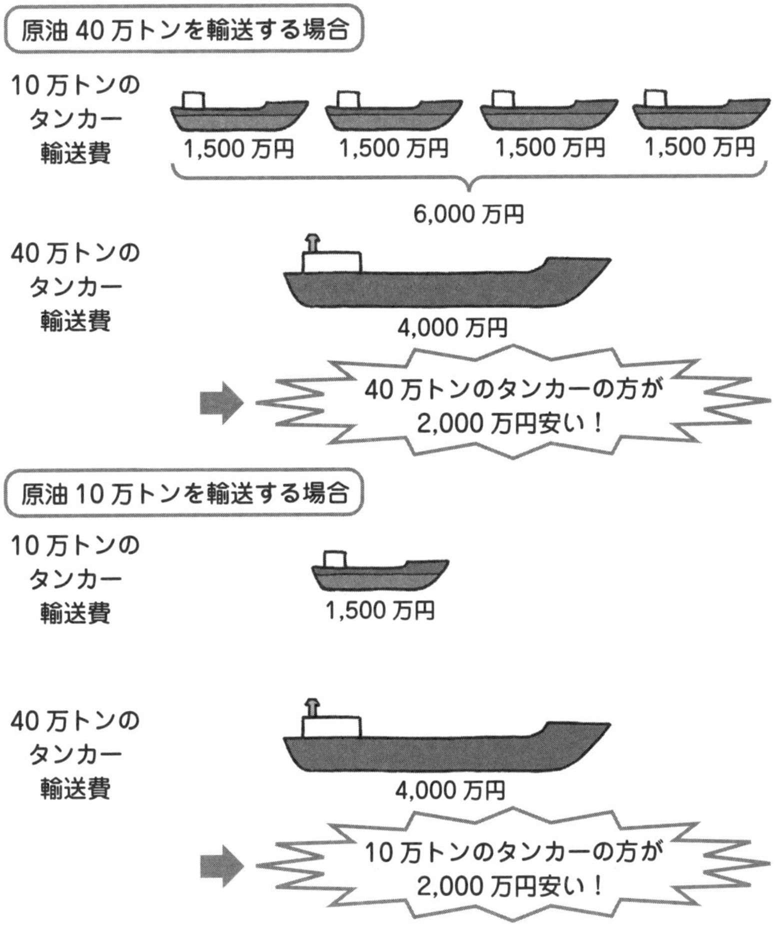
原油40万トンを輸送する場合
10万トンのタンカー輸送費
1,500万円
1,500万円
1,500万円
1,500万円
6,000万円
40万トンのタンカー輸送費
4,000万円
40万トンのタンカーの方が2,000万円安い！
原油10万トンを輸送する場合
10万トンのタンカー輸送費
1,500万円
40万トンのタンカー輸送費
4,000万円
10万トンのタンカーの方が2,000万円安い！

④

行商人と電力会社は何がどうちがうの？

●「資本が回転する」ってどういうこと？

企業は大規模に営業活動を行うために大量の資本を調達して、機械設備や事務所、さらに現金、原材料を手にして、営業活動を行います。この際、手に入れた設備、事務所、原材料、現金は、企業のなかで、そのままのかたちであるのではなく、製造活動によって、製品に変えられてそのものはなくなっていきます。しかし、製品が完成して売り上げられて、売上代金として企業にもどってくることになります。このように、機械設備、原材料、現金のような資産は、そのまま企業にとどまっているのでは増加することができず、一度企業から外へ出して、またもどってくることによって市場で大きくなることができます。これを資産《しさん》（資本《しほん》）が回転するといいます。

そこで、営業活動が大規模になると、回転につぎのようなことがおきます。

● 資本が60年かけてゆっくり回る電力会社のダム

大規模な設備資産、たとえば電力会社のダムを想定すると、電力会社は1,000億円をかけてダムという設備資産を手に入れます。そして、ダムは発電のために使用されて、その価値を徐々に失っていきますが、一方で電気料金として企業にもどってくることになります。しかし、1,000億円が電気料金としてもどってくるには、ダムが使用される期間、たとえば60年かかってもどってくることにな

資本が回転して現金としてもどる

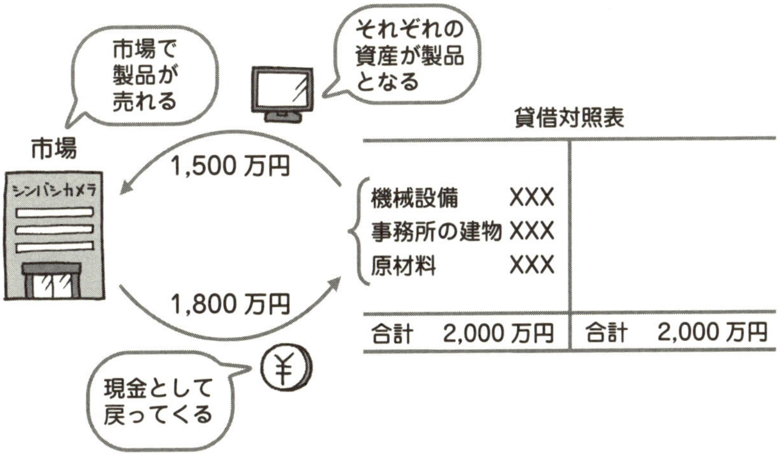

ります。つまり、発電にともなう諸費用を無視して考えると1,000億円のダムは60年かかって使えなくなる一方で、60年で回収されることになります。これを60年で回転するといいます。

● 資本が1日1回クルクル回る行商人の現金

一方、1人で野菜、魚の行商を行っている営業を想定しましょう。行商人は朝、家を出るときに現金10万円を手にして、市場で商品を仕入れ、夕方までに全商品を売り上げて代金を手にしたとします。すると、この場合はやはり諸費用を無視して考えると1日ではじめの現金10万円は野菜、魚になって、また売上として現金でもどってきます。つまり1日で1回転したことになるのです。

● 機械や設備が大規模だと資本の回転は遅い

ところで大規模に営業活動が行われるようになると、大規模な設備資産が多くなり資産全体の回転はゆっくりになります。大規模に営業活動が行われ「規模の効果」が現れやすい産業では、ますます大規模化する一方で、ますます資産（資本）の回転がゆっくりとなります。

資産（資本）の回転は、1年を基準に1年間にどれだけ回転したかで比較されます。電力会社と行商人では、電力会社のダムは60年に1回転、したがって1年では0.017（1÷60）回、行商人の現金は1年に200日仕事に出かけたとすると200回転するというように考えます。年に200回転も回転する営業では投下した10万円が200回分活動することになります。0.017回しか回転しない営業では、投下した資本が大規模な資産に長い間拘束されます。投下資本がどのように営業活動に参加するかによって回転のしかたがちがってきます。

企業のなかの資産は、それぞれ回転のしかたが異なります。たとえば、現金は原料になって、さらに製品になって、現金としてもどってきます。あるいは機械設備は前に説明したように何年にもわたって、製品にその価値を移転して、売られて現金としてもどってきます。つまり、回転に時間がかかります。

前ページの図のように、機械設備、事務所の建物、原材料などの資産は製品となって、その製品は市場で売られて、製品にかかったコスト（原価）より大きな現金としてもどってくることになります。そこで、会計の分析では企業が使っている資産全体がどれだけ1年間に回転したかを、回転率（売上高÷資産合計）という指標で表します。前ページの図では、2,000万円の資産が1,500万円の原価をかけて、1,800万円で売り上げられ、1,800万円の現金としてもどってきました。この際、回転率は0.9回（1,800《売上高》万円÷2,000《資産合計》万円=0.9）というようにいいます。日本の企業の平均的な回転率は1回／年くらいです。企業の活動が大規模化するのにともなって、機械設備などの資産の割合が大きくなって回転率が小さくなっていきます。

⑤

企業の利益率《りえきりつ》がだんだん下がるのはなぜ？

● 利益の大小は資本利益率で比較できる

利益の大きさは、たんなる絶対額の大小ではかることはできません。たとえば10億円の利益と100億円の利益を比較するとき、企業にとっては、一定期間にどれだけの資本を投下して10億円あるいは100億円の利益をあげたかが重要な意味をもちます。つまり、利益は、一定期間における資本の増加分である収益と資本の減少分である費用の差額であり、いいかえると資本の純増加分を意味しています。これはたとえばちょうど銀行にお金を預けて10万円の利子と100万円の利子を比較するのと同じです。10万円と100万円ではその増加率は比較できなくて、いくら預けたかによって利子率がちがってきます。したがって、投下した資本に対してどれだけの利益を獲得したかによって、その大小がはかられます。

このような視点から、資本利益率《しほんりえきりつ》（資本利益率〔%〕＝利益÷資本×100）という考え方が利用されます。

● 1950～60年代にピークを迎えた資本利益率

第2次世界大戦後の日本の製造業の資本利益率の状況を次ページの図によってみましょう。

経済は好景気と不況が交互にやってきます。そして資本利益率は、朝鮮戦争ブーム、休戦不況、神武景気、ナベ底不況と景気の動向に左右されて増減しながらも、企業の基盤が形成された1950年から

戦後の資本利益率の推移（製造業）

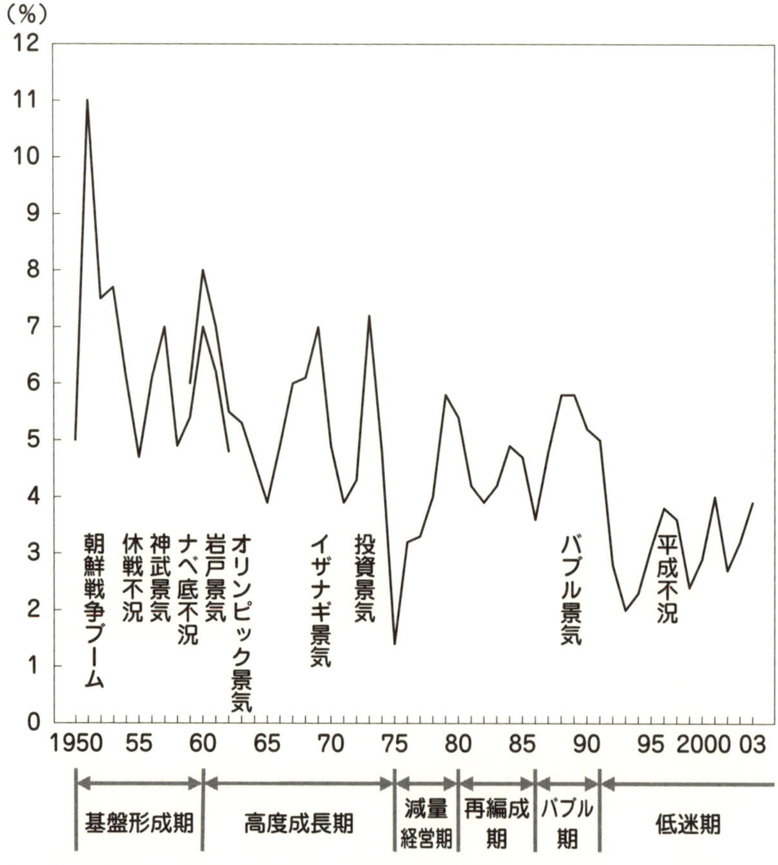

（注）資本利益率＝（経常利益／総資本）×100。対象企業数は、2003 年度では 43.8 万社の製造業企業。1960 年前後のグラフの重複は計算方法の変更による。
（出所）『法人企業統計年報』（財務省）により作図。

60年にかけてはきわめて高い水準にあり、こうした状況は経済が高度成長した時期に引き継がれてきています。この時期には大型な設備投資が実施され、この設備が高い水準で操業されることによって、高い資本利益率が実現されてきました。とくに岩戸景気、オリンピック景気、イザナギ景気、投資景気とつづき、拡大がつづけられてきました。この時期は、グラフは上下をしながらも最も高い資本利益率を実現してきました。

● バブル崩壊以降ますます低下する資本利益率

しかし、1973年の中東の産油国による原油価格の値上げをきっかけにおきた石油危機による経済の停滞のもとで資本利益率は低下し、1975年には1.4%にもなりました。その後、1976年から1980年にかけての経営の見直しを進めた減量経営期の状況をみますと、企業が厳しい合理化をすることによって資本利益率が回復してきた状況がわかります。さらに1981年以降に、資本利益率の低下するなかで新しい対応がせまられています。すなわち、従来の重化学工業からの脱皮がせまられてきたのです。この時期には、資本利益率は、新規の分野への参入という課題をもちながら下がってきていることがわかります。また、1986年ごろより株式、土地などへの投機が活発となり経済のバブル化が進んで資本利益率は一時的に上昇しましたが、その後のバブルの崩壊によって資本利益率はさらに低下しています。

1990年代に入って、資本利益率は3%前後の水準となっており、高度成長期の5%前後、またその後の減量経営期、再編成期、バブル期の4%前後の水準に比べて低迷しています。

このようにみてくると、戦後の製造業の資本利益率は、それぞれの好況、不況のなかで短期的に変動しながらも、長期的には一定の傾向、つまり低下傾向をよみとることができます。

● 資本利益率の低下が日本企業の悩み

こうした傾向は、企業が大規模になるのにともなって、設備資産などが長期的に資産に拘束されて、1年間使った資本に対して売上高の割合が小さくなる、つまり資本回転率（売上÷使用資本）が小さくなることによっています。一方で、とくに大企業では売上のなかでの利益の幅(利益÷売上)を大きくするように努めます。しかし、企業全体を長期的にみると資本利益率は下がっていくのです。こうした状況はつぎのような算式で表すことができます。

資本利益率		売上高利益率		資本回転率
$\frac{\text{利益}}{\text{資本}}$	＝	$\frac{\text{利益}}{\text{売上高}}$	×	$\frac{\text{売上高}}{\text{資本}}$
(使った資本に対する利益の割合)		(売上高のうちの利益の割合)		(使った資本に対する売上高)

$$\frac{\text{利益}}{\text{資本}} = \frac{\text{利益}}{\text{売上高}} \times \frac{\text{売上高}}{\text{資本}}$$

生産性を上げてコストを小さくするために大規模な生産設備を使うと、年間の売上高が資本に対して小さくなります（資本回転率が下がります)。そこで売上のなかの利益をあげようとしますが（売上高利益率をあげる)、なかなか難しく、投下した資本に対して年間の利益が小さくなっていく傾向（資本利益率の低下する傾向）があるのです。そして、このことが、日本の企業、経済がかかえている基本的で重大な課題なのです。

とくに、近年の日本経済では、一般的な傾向として売上が停滞しています。いいかえると設備資産が遊休化しています。こうした状況のもとでは資本回転率が低下し、また売上の停滞は売上高利益率も低い水準となり、結果として資本利益率が低下しています。企業はこうした状況のもとでつぎに説明するリストラなどによって企業の収益性を確保しようとするのです。

資本利益率、売上高利益率、資本回転率といった考え方は、企業の会計の報告書である損益計算書、貸借対照表を分析するときの基本的なものなのです。

⑥ リストラって何をするの？

● 企業の収益性を立て直しが「リストラ」

会社の「リストラが厳しい」「リストラによって解雇された」「リストラで企業の業績が上がった」などという話しを聞きます。リストラって、いったい何でしょうか。

リストラは、英語のリストラクション（Restruction）を略した言葉です。リストラクションは企業の再構築ということで、企業のとくに収益性の立て直しを意味しています。日本の企業は高経済の高度成長の時期をすぎると厳しい環境に入ってきました。そうしたなかでとくに1980年代に入って売上が低迷するもとでどのように利益を確保する収益構造を再構築するかが大きな課題となりました。企業のこのための戦略がリストラとよばれています。

● 売上が減ったら固定費の削減が必要となる

リストラは、売上が低迷するなかでどのように利益を確保するかの戦略です。企業の売上は、基本的には経済が停滞してくると企業の努力にもかかわらず、増加させることは難しいのです。とくに後に説明する鉄鋼などの生産材《せいさんざい》とよばれているものの生産量は、経済全体の動向によって決まってしまうのです。

そこで、売上高が減少していくなかでそれを実現するためにかかる費用はどのような関係にあるかをみてみましょう。費用には売上高（生産量）が減少するのにともなってはっきりと減少する費用と、生産量が減少してもあまり小さくならない費用の2種類があります。減少する費用は材料費、動力費などで、これを変動費《へんどうひ》といいます。

一方、生産量が減少しても減らない費用は、人件費、設備にかかる費用などで、これを固定費《こていひ》といいます。人件費はいそがしくなれば臨時に人を雇ったりして変動的な側面もありますが、基本的には生産量が減ってもすぐに従業員を解雇することはできませんので固定的です。設備にかかる費用は、減価償却費や設備の導入にあたっての借入金の利息などです。これも、生産量に関係なく一定してかかります。

費用はこのような性格をもっていますので、売上が減少する、つまり生産量が減少すると費用がそれに対応してそのまま減少しません。そこで少し売上が減少すると売上と費用の差額である利益は大きく減少することになります。したがって、売上減のもとでの収益性の確保は固定費の削減が主な目標となります。

●「人件費」が固定費の大きな要素

このような状況を世界一の鉄鋼会社であった新日本製鉄についてみましょう。次ページの図によると、新日鉄では1980年代に入って売上高が減少してきます。1980年代はじめの3兆円前後の水準が近年では2兆円前後まで低下してきています。

日本の高度経済成長は、産業の重化学工業によってなされました。この時期には、鉄工業、造船業、石油化学産業、自動車産業、電気機器産業が急速に拡大し、高収益性を実現してきました。しかしながら、1973年、78年の2度のオイル・ショックを契機として、重化学工業の拡大による産業、経済の成長は破綻し、石油や鉄鋼を節約した省エネルギー化、省資源化が進み、「鉄離れ」が急速に進みました。海外の低い人件費にもとづく低コストの鋼材による追い上げに直面し、さらに、その後の大幅な円高によって、新日鉄では

新日鉄の売上、利益、従業員の推移

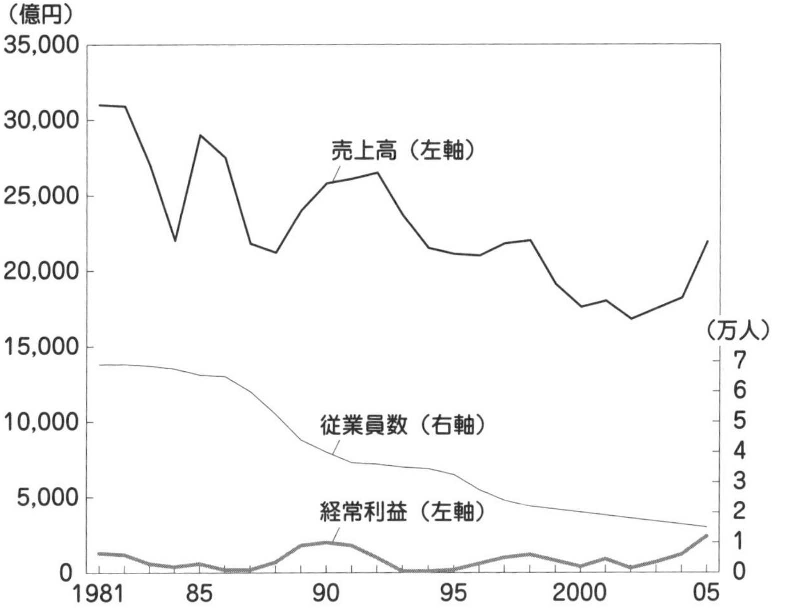

（資料）有価証券報告書・各年版より作図。

1987年には赤字決算となりました。そこで、合理化計画として生産体制の集約化・要員合理化・新規事業への展開を進めました。

まず経営の多角化をめざしましたが、新しい事業分野への展開はほとんど進んでいません。一方、鉄鋼の合理化は鉄鋼生産能力で次ページの図によると1980年代前半には約5,000万トン／年でしたが、今日では約3,000トン／年にも縮小しています。

縮小の内容は2,000～3,000立法メートルの室蘭、釜石、堺、広畑などの高炉を休止する一方で、4,000～5,000立方メートルの超大型高炉の高準な稼働をめざしました。そして、全体として生産能力を縮小し、稼働率を上げています。また従業員数は上図のように約7万人から約1.5万人にも縮小しています。

銑鉄の生産能力、稼働率の推移

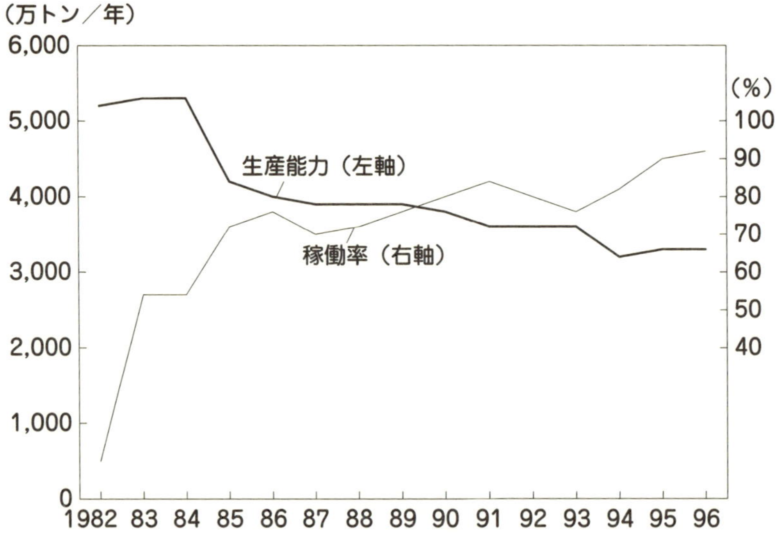

●リストラは働く人の生活をおびやかす！

このような、新日鉄の合理化計画は、鉄需要の落ち込みに対応して、大規模で効率のよい製鉄所に生産を集中して、効率の低い製鉄所を撤去し、一方で固定費である人件費を従業員の解雇などによって削減し、設備にかかわる費用を小さくして、利益をあげている状況がわかります。日本の高度成長を支えてきた鉄鋼業は、鉄鋼労働者、また製鉄所地域住民によって支えられて発展してきました。こうした労働者、住民は、新日鉄の高収益体制の再構築のために解雇され、また生活がおびやかされています。

世界第1位の鉄鋼企業であった新日鉄は、新日鉄の繁栄にまじめに協力してきた労働者（従業員)、地域住民の長期的で安定した生活を計画のなかに組み入れて、みずから収益体制を確立する経営政策を展開しなければならないことは当然の責任ではないでしょうか。

第4部
これから会計を学ぶ君たちへ

第7章

会計のプロってどんな仕事？

①

会社の経理部ってどんな仕事？

● 経理部の3つの仕事

会計には3つの役割をもった会計があることについて、すでに説明しました（132ページ）。会社のなかでの会計担当者は、それぞれの役割に応じてこの3つの会計を行います。

3つの会計は、まず、会社のなかの活動を目標化してなるべく大きな利益をあげる会計です。つぎに、実際に会社の活動はどういう結果になったかをなるべく正確に知るための会計です。そしてつぎに株主などの会社の外の人たち、あるいは税務署に報告する、つまり公表する会計です。会社での会計のプロたちは、この3つの会計を担います。

● 大きな利益をあげるための会計

まず、第1の売上を大きく、一方、材料費や人件費などの費用を小さくして利益を大きく実現するための目標としての会計について考えてみましょう。この会計は、競争相手にも、商品を売る相手にも決してもらすことはないでしょう。内部的な営業活動の管理のための会計です。この会計は、たとえばある製品の製造方法のように「営業の秘密」として企業のなかで行われる会計です。

● 会社の実態を知るための会計

つぎに、会社の実態を正確にとらえようとする会計です。会計は、

会社の経理部の３つの仕事

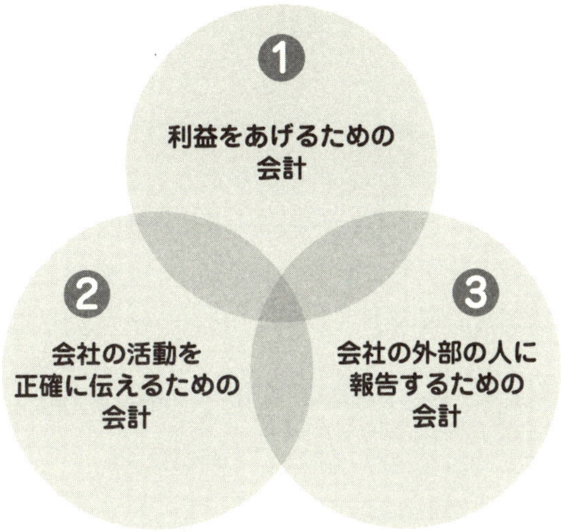
1
利益をあげるための
会計
2
会社の活動を
正確に伝えるための
会計
3
会社の外部の人に
報告するための
会計

もともとは商人たちが自分の営業活動がどのようになっているかを知るためにつくりあげられてきたしくみです。しかし、今日では、会社は一般に認められている会計のやり方で、実質的な収益、費用を計算して利益を計算します。また実際の状況に応じた資産、資本の大きさを計算して、実質的な数値にもとづいて会社の営業状況を認識し管理し、統制することができるのです。

この計算はつぎに説明する公表するための会計の前段という性格をもっていますが､本来の会計数値であるといってもよいでしょう。これを公表するようなことはしません。この数値は、内部的に会社の実際の状況を知るためのものです。

● 会社が公表するための会計

それでは企業が公表する会計はどのようなものでしょうか。一般的には､企業が公表する会計数値では利益は小さめに公表されます。

もっとも会社はなるべく大きな利益を実現するように最大限の努力をします。しかし、大きな利益があがった場合に、そのまま公表すれば、税金が多くかかってきます。また利益の株主への分配である配当も高いレベルになってしまいます。さらに、従業員の給与、下請への発注単価などの値上げを要求されるでしょう。あるいは製品の売値も値下げするように要求されることになります。しかし、一般の会社の水準より著しく低い利益を公表すれば、社会的な信用や株価に悪い影響がでます。そこで、会社は、一般的なレベルより少し高い利益を安定的に公表する行動をとることになります。

● 利益は小さく、費用は大きくみせる傾向がある

ところで、実質的な利益と公表する利益はどのようにちがうのでしょうか。日本の会計制度は、第2次世界大戦後の経済の高度成長を実現するなかで、企業の利益をなるべく小さく計算して、税金を安くし、配当を低くし、賃金を低くするなどして、企業のあげた利益を企業のなかに留保する（ため込む）ような政策を進めてきました。とくに会社の利益の計算で、会社の利益に課税される法人税の計算では、実際の利益を小さく計算することができました。利益の計算では、実際に実現した費用だけでなく、費用を予測、見積もることが行われます。たとえば、すでに説明した設備などのいたんだ分を計算する減《げん》価《か》償《しよう》却《きやく》費《ひ》、債権《さいけん》が返済されない損失を予測する貸《かし》倒《だおれ》損失《そんしつ》などの見積もりを大きく計上して費用を大きく、利益を小さくすることが行われてきました。このような税法での会計は、基本的には株主や債権者などに公表される会計でも同じように行われています。会社の会計のプロたちは、それぞれの会社の会計政策にもとづいて会計を公表することが大切な仕事になります。

ところで、つぎに説明する公認会計士、税理士が行う会計はここで説明した公表される会計にかかわった仕事です。

コラム　ボクの先生（3）――高橋昭三《たかはししょうぞう》先生――

私は、大学生のころにはゼミで経営管理論を勉強しましたが、大学院に進学して会計学を勉強するようになりました。高橋昭三《たかはししょうぞう》先生は大学院で経営財務論を担当されていて授業に参加しました。

経済学部では、経済学関係の科目、経営学関係の科目あるいは会計学関係など、かなり広い範囲に展開されていました。それらの科目は大きな枠組みで考えるとそれぞれがからみ合っているのです。大学院でいろいろな先生からの指導をうけました。そのことが私の研究の幅を広げるのに役立ったのではないかと思います。

経営財務論ではこの本で説明したような株式会社のしくみ、株主の構成、株式価格などの理論的な研究が課題です。

また、高橋先生は会社（企業）と経済とのかかわり方について、会社（企業）それ自身の分析は経済全体の分析とそれなりに切りはなしても分析ができるという視点で研究されていました。一方、宮川先生や敷田先生は、経済全体の分析と会社の分析は一体のものとして分析すべきだという考え方です。

私は、さまざまな考え方をもつ先生のもとで勉強し、会計の実態を分析しながら、自分の考えをめぐらすのがとても楽しかったことを思い出します。

企業の行動にはどういう法則性があるのかな。
経営財務論

② 公認会計士ってどんな仕事？

● 会計情報を監査するプロフェッショナル

会社は、会社自身の運営の状況を知るために簿記・会計によって報告書を作成します。これは独特の構造をもっていて、後に説明するように、会社の活動を適切にまとめることのできるしくみです。このための記録や計算は、会社のなかでは経理担当者が担うことになります。

ところで、公認会計士とか税理士という職業があることを知っていると思います。ここでは公認会計士の仕事について説明しましょう。

会社は、なるべく大規模に活動するしくみとして、株式会社制度を誕生させました。株式会社では株式という証券によって会社に出資します。そこで、出資は証券化されて、証券市場で自由に売買されます。そうすると、出資者はこれから買おうとする株式は、どういう会社の株式なのかを正確に知る必要がでてきます。

株式会社制度が発展してくると、出資者である株主、または債権者に対して営業の成績や財政の状態を正しく報告することが制度化されることになります。会社の株式は広く市場で流通していますから、投資家に正しく会社の状況を会計報告書で公表することが必要です。この際の報告書は、過去との比較また他の会社との比較ができるような統一的で、不正のないものでなければなりません。このために会計の統一的な基準また報告書が適正なものであることの監

公認会計士の仕事（その1）

チェックしてください。
うーん、
利益のところ
足し算が
まちがって
いるよ。
会計報告書

会計士の仕事は
会計報告書に不正がないかチェックすること

査が必要となります。

● 公認会計士制度は株式会社制度のベース

ところで、アメリカでは1929年の世界大恐慌で多くの企業が倒産し、証券市場はとても混乱しました。これをきっかけにして会計基準の統一運動がおこり、会計原則の明文化が進められました。日本でも会計の統一的な基準はすでに1934（昭和9）年に制定されています。そして第2次世界大戦後アメリカの占領政策のもとでの財閥の解体などをともなう経済の「民主化」のもとで1947（昭和22）年に基準が示され、その後より具体的、実践的な基準としての会計原則へと発展してきました。

会計原則の制度的な確立は、それぞれの会社の会計を適正なものとして保証する会計報告書の監査制度《かんさせいど》が前提となっています。この監査の役割を公認会計士が担うことになります。統一的な会計基準

ができて、これにもとづいて公認会計士によって適正なものであると証明された報告書が公表されます。投資家は、この会計報告書によって、会社の状況を判断して投資するかどうかを判断することになります。

したがって、経済活動を中心的に担う会社（株式会社）への出資は、株式が自由に売買される証券市場があって、さらにその前提として、会社の基礎的な情報である正しい会計報告書が必要となります。このためには統一的な会計基準にもとづいて会計報告書がなされ、また適正さを保証する公認会計士による監査が必要になるのです。公認会計士制度は今日の株式会社制度の成り立つ大きな前提となっています。

● 会社の会計情報に不正がないかチェックする

現在の公認会計士の仕事について、少し詳しく説明しましょう。公認会計士の第1の業務は、すでに説明しましたように、株主や一般投資家、債権者のために、会社と利害関係のない客観的な第三者として、いいかえると独立した立場に立って、会社が作成した会計報告書（財《ざい》務《む》諸《しよ》表《ひょう》）に虚偽や不備がないかを確認し、適正であることを証明することです。

そして、証券取引所などに上場している会社やこれから上場を申請する会社の会計報告書の監査をします。上場していなくてもまた一定規模以上の会社についての監査が定められています。したがって、もし、公認会計士が監査にあたってまちがった報告書、たとえば赤字なのに利益があるかのような報告書を適正であるとした場合などは、公認会計士は罪に問われることになります。こうした報告書を粉《ふん》飾《しよく》決《けつ》算《さん》といいます。

公認会計士はほかにも、会社の会計政策、経営戦略についてのコンサルティング業務を行います。また公認会計士はつぎに説明する

公認会計士の仕事（その2）

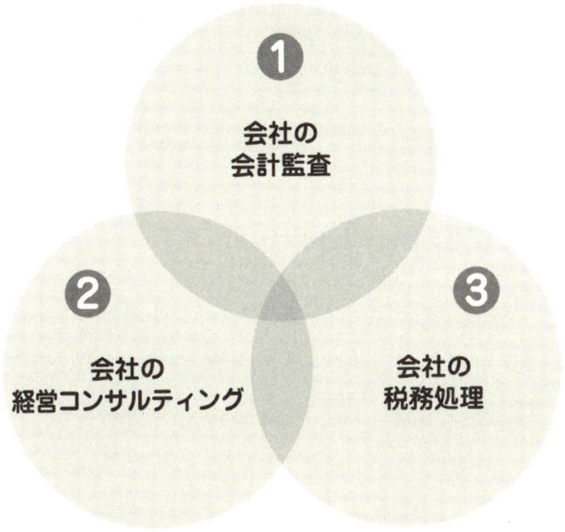

税理士の資格ももつことができますので税務書類の作成や税務相談などの業務もすることができます。

なお、公認会計士の仕事は公認会計士の資格業務ですから、公認会計士試験制度によって資格を取得しなければなりません。まず、会計学関係の解答式試験があり、合格すると論文式での試験が、会計学、監査論、企業法、租税法など、また選択科目として経営学、経済などの試験へとつづきます。

また、2年以上の実務補習などの実務経験が必要で、これらの課程をへて公認会計士として登録されることになります。現在全国で15,000人を超える公認会計士が活躍しています。

大学の会計・経済関連の学部、たとえば商学部、経営学部、経済学部などの学生は、公認会計士の資格に関心のある者が多く、大学では資格の取得支援を行っているところがいくつかあります。私たちの大学でもこの支援を行っています。

③ 税理士ってどんな仕事？

● 税理士は「税金の専門家」

税理士は、税務に関する専門家として、独立した公正な立場から納税者に代わって税務の代理や税務書類の作成をすることを業務とします。また税務の相談に応じることができます。

納税制度は、基本的には、自分で申告して納税するしくみになっています。これを申告納税《しんこくのうぜい》義務《ぎむ》といいます。もちろん、申告した納税の内容について税務署が適正であるかどうかを調査することはいうまでもありません。この申告にあたって、税理士は、利益（所得）の計算書類の作成や申告を、会社、個人営業者など本人に代わって行うことができます。

ところで、税金には、多種多様なものがあります。たとえば法人《ほうじん》税《ぜい》（会社の利益に対する課税）、所得税《しよとくぜい》（個人経営者などの利益に対する課税）、相続税《そうぞくぜい》（財産の相続にかかわる課税）、固定資産税《こていしさんぜい》（土地、建物の所有にかかわる課税）などです。これらの税務の代行業務が、税理士のおもな仕事です。こうしたなかで、中心的な内容となるのは、会社の利益に課税される法人税であり、個人営業者などの利益に課税される所得税です。

したがって、ここでは会社の利益に課税される法人税を中心に税理士の仕事についてみてみましょう。

● 会社の利益に課せられる税金のいろいろ

会社にとって税金はとても大きな関心事です。日本の製造業全体について、ここ10年間の利益がその後どのようになったかをみると、利益100に対して54もの割合の額が、法人税、住民税、事業税といった税金として徴収されていることを指摘しました（114ページ）。この割合は、赤字会社は徴収されませんので、利益の算出では、赤字が含まれて小さくなり、税額はそのまま算出されますので税額の割合は大きく表示されることになっています。

今日の税法では基本的には、会社の利益（課税所得）について法人税30.0％と法人事業税9.0％、さらに法人税の税額に対して20.5％の法人住民税が課せられます。つまり全体で利益に対して45％あまりの課税がなされるのです。

● 課税での所得と会計での利益

法人税は、課税所得に対して一定率の税金を課税するためのものです。課税所得はその年の益金《えききん》の額からその年の損金《そんきん》の額を差し引いて計算します。そこで益金は会計上の収益の額、また損金は会計上の費用・損失の額にちかい額です。つまり、「一般に公正妥当と認められる会計処理の基準」で計算された収益、費用を基礎として益金、損金を計算し、課税の対象となる所得を計算します。所得を計算する益金、損金の基礎となる収益、費用は会計上の決算が前提となっています。

またおもに税務政策の視点から、税務上の益金には、会計では含まれないものがあります。また税務上の損金についても会計上の費用、損失は一致しません。したがって、会計上の収益、費用を税務上の益金、損金にするために調整することを税務調整といいます。

課税での所得と一般に認められる会計上の利益は大きさはちがっ

ていますが、一般的には課税のために計算する所得は会計上で計算する利益よりも小さく計算されます。それはとくに、減《げん》価《か》償《しよう》却《きやく》費《ひ》の計算や債《さい》務《む》の見積もりにかかわる費用が大きく計算されることによります。課税上の所得を小さく計算されるのは、所得（課税上の利益）には税金が課せられますが、とくに日本の経済・産業政策の視点から、企業の税金を免除して、企業が成長するような政策を進めてきたからです。

企業の所得への課税はどの企業についても一定率です。課税上の所得を会計上の利益よりも小さく計算するしかたは、どの企業も対象となります。しかし、利益を小さく表示するのですから、前提として大きな利益が実際になければなりません。すでに説明しましたように、大企業は中小企業に比べて利益は高い水準にあります。そうすると、大企業はいろいろな方法で利益を小さく計算して、それに課税されます。一方、中小企業では利益が小さく、それを小さくする幅は限られます。そこで、企業によって小さく計算された利益を一定の方法でもとにもどした利益額に対する税額の割合を計算することができます。これによると、大企業（資本金10億円以上）では利益のうちの税額は50%前後の水準になりますが、中小企業（資本金10億円未満）では60%をこえる高い水準になります（詳しくは大橋英五『経営分析』大月書店、2005年、6章を参照してください）。大企業は、実質的に税制のうえで優遇されているのです。

税務上のおもな仕事となる法人税、所得税の対象となる課税所得の計算は基本的には、会計での利益の計算にもとづいています。したがって、税理士の仕事は会計のプロとしての力量が大切です。また、税理士は税務についての代理業務にとどまらず、とくに中小企業では、会計実務につてのアドバイスが大切な役割になっています。

税理士の会計のプロとしての役割の大切さは税理士試験の内容にも現れています。税理士の試験科目は、簿記、財《ざい》務《む》諸《しよ》表《ひよう》論《ろん》（会計

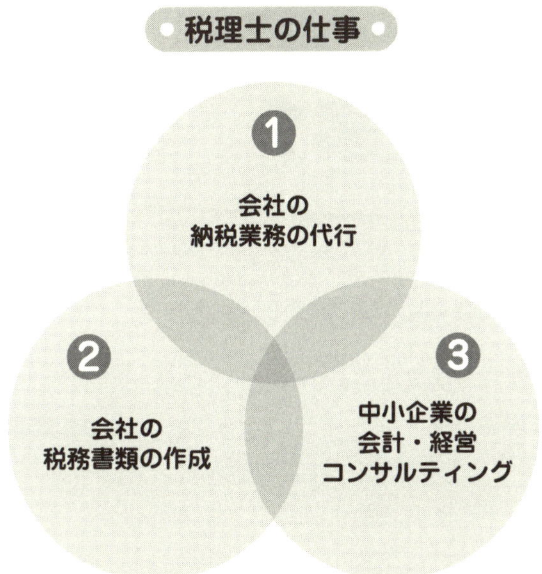
税理士の仕事
1
会社の
納税業務の代行
2
会社の
税務書類の作成
3
中小企業の
会計・経営
コンサルティング

報告書の作成についての基本的な理論)、法人税法、所得税法、相続税法、消費税法又は酒税法、国税徴収法、住民税又は事業税、固定資産税です。なかでも簿記、財務諸表論は、必ず選択しなければならない科目で、また所得税法、法人税法のうちいずれか1科目は選択しなければなりません。そして全体で5科目に合格しなければなりません。

税理士試験は全体で5科目に合格しなければなりませんが、必ずしも1度に合格する必要はなく、たとえば毎年1科目合格していってもかまいません。そこで学生やあるいは実際に会社に勤めながら、税理士試験の勉強をしている人もかなりいます。

現在68,000人の税理士が活躍しており、そのうち独立して開業している税理士は80%以上になっています。

④

会計学者ってどんな仕事？

● 会計を理論的に整理する仕事

会計は、企業の活動を計数的に体系的なしくみによって記録し、集計して報告書にまとめます。この報告書は損益計算書《そんえきけいさんしよ》や貸借対《たいしやくたい》照表《しようひよう》などです。経営者はこれらの報告書にもとづいて会社の行う活動をまちがいなく効率的に行うよう管理します。またこの報告書は公表されて、会社に出資した株主や融資をした銀行、またその他の多くの利害関係者（ステークホルダー）たちによって利用されます。

すでに説明しましたように、会計が的確に会社の状況をとらえ、またそれを公表するためにはどのように記録し、どのように集計したらよいかを理論的に整理する必要があります。このための整理が会計学です。この理論的な整理は会計学者の仕事です。一方、すでに説明した会社の経理部、公認会計士、税理士の仕事は、これらの理論的な整理によって組み立てられた会計制度にもとづいて、それぞれの仕事を行います。

ところで、会計が対象としている会社は、社会全体の経済活動の1つの単位です。経済活動はさまざまな業種によって担われます。会社は必要な生産物の生産、流通また消費にかかわっています。私たち一人ひとりはこれらの活動に、たとえばものを生産するというように直接的にかかわることもありますし、また、たとえば大学の先生のように間接的にかかわりながら生活しています。こうした経

会計学者の仕事

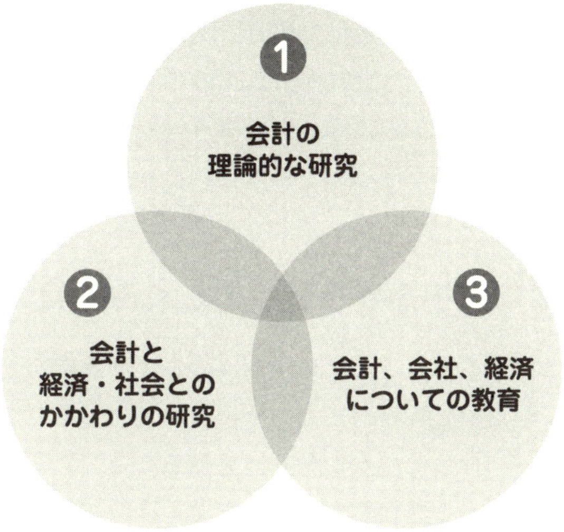
1
会計の
理論的な研究
2
会計と
経済・社会との
かかわりの研究
3
会計、会社、経済
についての教育

済活動のなかで、中心的な役割をはたすのは会社（企業）です。したがって、会社の会計の資料を産業ごとに、あるいは企業の規模ごとに集計することによって、その産業全体の動向や会社全体の動向、あるいは大企業と中小企業の動向を知ることができます。実際に、損益計算書や貸借対照表を一定の目的をもって、それぞれ集計した資料がかなりの数出版されて、利用されています。

したがって、会計を研究するということは、会社それ自身のことだけでなく、経済、産業について分析　するということでもあるのです。会計を研究するということは企業、産業、経済のしくみを分析するということなのです。

会計の性格を考えるにあたって会計を利用する立場から考えてみましょう。会計が会社に出資している株主、またお金を貸し付けている銀行などの金融機関によって利用されることは、すでに説明しました。そのほかにも多くの人たちに利用されています。まず消費者です。売られている値段が適切であるか。たとえば、すでに説明した、灯油、私鉄の料金など生活に不可欠なものの値段について正しく知ることが必要になるでしょう。また従業員の給料や下請加工賃の額です。勤めている会社がどれだけの利益をあげているか、また一方で従業員の給与の水準はどのようになっているか、あるいは親会社に納入している部品の単価はどのような水準なのかを分析することができます。

● 会計という小窓から社会のしくみが見える

会計を分析するということは、個々の企業の状況を知るだけでなく、経済・産業のしくみ、また、そのなかで生活している個々の人たちのあり方、社会とのかかわり方を知ることでもあるのです。いいかえると会計の小さな窓から、大きな、そしてフシギな経済のしくみ、社会のしくみを研究するということです。

会計を研究するためには、社会、経済、人びとの暮らしについて考えることが何よりも大切です。また会計のしくみそれ自体についても分析しなければならないことはいうまでもありません。この際、会計は、企業の活動のなかから生まれたものですから、企業の活動を思いうかべながら研究していくことが大切です。大切なのは企業や経済についての熱い関心です。なぜ、企業はリストラを行うのか？

なぜ企業は大規模化するのか？　株価はどのように決まるのか？

不正な粉飾決算はなぜおこるのか？　売れ残った商品はどうなるのか？　会社はなぜ倒産するのか？　社会、産業、企業ではフシギなことがいっぱいです。

会計学者は、会計のしくみについての理論的な整理にとどまるのではなく、会計が経済、社会のなかではたしている役割や意味について分析することも仕事です。さらに分析、研究の成果を学生、さらに経済、社会にかかわる人たちに発信することも大切な仕事です。

第8章

いま、会計で何が問題なの？

①

会計ビッグバンって何？
連結会計《れんけつかいけい》って何？

● 世界の会計が１つの制度に統一される

日本の会計制度は、第2次世界大戦後に、証券市場の整備にともなって導入されてきました。そこでは法的な単位としての個々の会社ごとの会計報告書が作成されてきました。ところが、近年、これまでの会計の計算のしくみに改革、転換が進んでいます。

日本の経済は金融を中心に1990年代なかばごろよりグローバル化に対応した大きな改革が進められ、それにともなって会計制度も、従来の日本独自な体系から国際会計基準やアメリカの会計基準にそろえる方向に進んでいます。こうした方向を会計ビッグバン（big bang）といいます。ビッグバンは宇宙誕生での最初の大爆発のことで会計の大きな制度改革という意味でいわれています。会計ビッグバンではつぎに示すような会計が導入され、会計での情報を公開する、つまり会計ディスクロージャーが進められています。このような会計制度の改変のなかでここでは新しい連結決算について説明しましょう。

● 連結会計は「家族は１つ」という考え方

大企業は、すべての活動を1つの企業で展開するのではなく、活動の内容ごとに別々の企業として行い複数の企業がグループとして活動しています。そうすることによって、新しい事業への展開、あるいは撤退などがしやすくなるからです。そしてグループとしての

会計ビッグバンの内容

導入された会計	その内容
連結会計	企業集団について全体をふくんだ会計報告書を作成する会計 合併などの企業連結にあたって、統一的に処理する会計
キャッシュフロー会計	費用・収益をとらえる基準を見積もり・予測から、より現実的に現金の出入りとしてとらえる会計
時価会計	株式などの金融商品について時価でとらえて帳簿上の値段も実際の価格にちかづける会計
税効果会計	会計上の利益と法人税上の所得のちがいによる税金を調整する会計
退職給付会計	将来の退職金の支払いにかかわる債務を計算にふくめた会計
試験研究費会計	研究開発費などの支出をそのときの費用として計上する会計
減損会計	土地、建物、機材など設備資産、営業権などの価格や利用価値が大幅に下がった企業

つながりは、株式会社での出資である株式をもつことでなされます。株式会社の大事な決定は株主総会でなされますが、その際、株式総数の半数以上（50％超）を所有していれば、自分たちの意図どおりに決めることができます。そうすると、ある企業（親会社）が、50％をこえる株式を所有している会社（子会社）がある場合には、親会社と子会社は一体のものと考えられます。

このような考え方から、個別の会社であっても、実質的にグループとして一体化している場合には、会計の報告書をグループとして作成することになりました。これが連結会計《れんけつかいけい》、連結決算《れんけつけつさん》といわれています。連結される会社は株式の過半数をもっている会社の他に実質的に支配している会社も入ります（連結子会社）。また、株式の所有割合が少なくても株式の所有している割合に応じて連結されま

連結財務諸表のしくみ

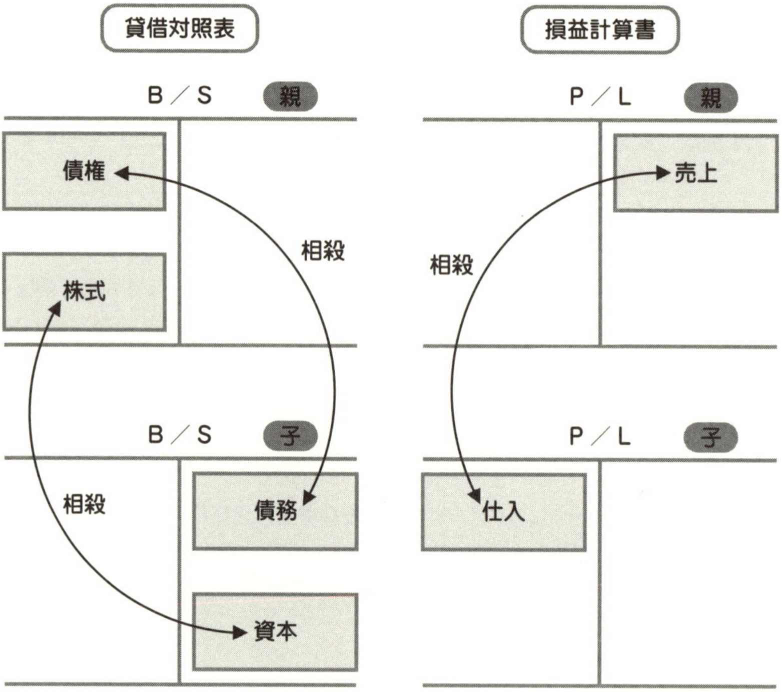

す（関連会社）。

貸借対照表、損益計算書の基本的な連結のしくみは、上の図のようになります。まず貸借対照表では親会社と子会社の資産、負債、資本を合計しますが、親会社が子会社の株式をもっているので、親会社の資産としての子会社の株式と子会社の資本としての資本金が相殺《そうさい》（たいがいに差し引きしてゼロにする）してなくします。また親会社が子会社に資金を貸し付けている場合にも、親会社の資産と子会社の負債を相殺してゼロにします。また損益計算書では親会社が子会社に売り上げたような場合には、親会社の売上（収益）と子会社の仕入（費用）を相殺することになります。このようにして、親会社と子会社の別々の貸借対照表、損益計算書を1つの会社であると考えて連結した報告書をつくります。

● トヨタ自動車の連結子会社はいくつある？

連結決算の状況についてみましょう。大手企業の子会社の連結は、近年増加してきており、2003年度では大手会社522社が連結した会社数は1社あたり平均で連結子会社54.5社で、関連会社なども含めて87.5社にもなります（三菱連合研究所『連結・企業経営の分析』平成15年度)。また大企業では連結会社が数百社にもなる企業があります。たとえばトヨタ自動車について連結の状況をみることにしましょう。

トヨタ自動車では、次ページの表に示すように多くの連結子会社、関連会社（持分法適用関連会社）からトヨタグループが構成されています。会社の内容は大きく分けて国内・海外の製造会社と、国内・海外の販売会社さらに販売にあたっての金融会社からなっています。また日野自動車、ダイハツ工業のような完成車メーカーも含まれています。国内の製造会社ではトヨタ自動車九州、トヨタ自動車北海道またトヨタ車体などの大手の会社が含まれ、海外ではアメリカ、カナダ、UK、タイ、オーストリアなど世界各国での生産が行われています。製造に対応して販売会社についても国内では東京トヨタ自動車、東京トヨペット、大阪トヨペットなどが、また海外ではアメリカ、ヨーロッパ、英国、ドイツなどの各国で設置され連結されています。トヨタ自動車では日本各地で、また世界各地での生産・販売を行っている状況がわかります。

さらに注記にありますように、世界各地に渉外、広報、調査を行う会社が設立されています。トヨタ自動車はこのようにして国内さらに海外の世界各地に524社の連結子会社、56社の関連会社から構成されています。

トヨタ自動車の連結子会社概要

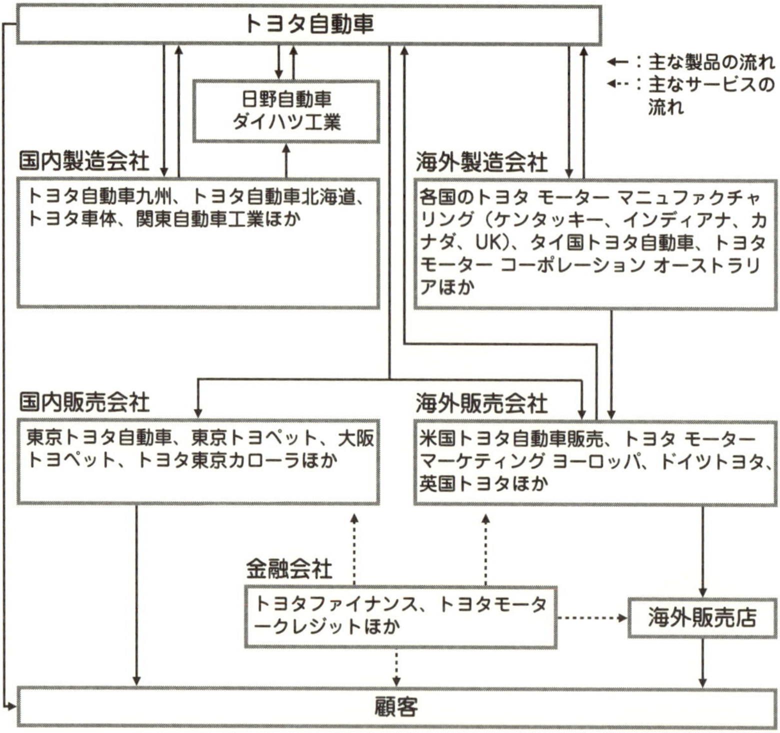

注：上記以外に世界各地に渉外、広報、調査などを行う会社があり、全体で連結子会社は524社、持分法適用関連会社は56社である。
出所：『有価証券報告書』平成17年3月決算。

トヨタ自動車の製造会社、販売会社を中心とする海外展開を含めた会社の実態は、連結会計としてまとめられ公表されています。トヨタで連結会計では、総資本ではトヨタ自動車単体に比べて2.71倍にもなり24兆3,350億円にもなり、売上高では単体に比べて1.93倍の17兆7,909億円、営業利益では2.39倍の1兆6,729億円にもなります。トヨタ自動車は単体と比べて2倍以上の規模で営業活動が展開されているのです。

コラム　――学生たちと――

大学の先生になって40年あまりになりました。教師になりたてのころは、学生さんとあまり年がちがいません。「先生は、ぼくの兄貴とちょうど同じ年です」などと学生さんにいわれました。またゼミ合宿などで民宿のおかみさんに「どの人が先生かわからない」といわれるほど学生さんと一体化していました。

でも、今では学生さんは自分の子どもの年代をとおりこして孫くらいの年の差になりました。学生さんたちと接しながらいろいろと教えられてきました。

大学での研究は、いつも社会がどのような課題をかかえているかに敏感でなければなりません。とくに社会、経済、企業と私たちの生活を分析する社会科学の分析はこの視点が大切です。大学の研究室に閉じこもるのではなく、たえず企業家、行政の担当者、労働者、消費者などと議論したり考えたりすることが大切です。もっとも身近にいる学生さんたちの考えを聞いたり、議論することも大切なことです。学生さんたちは、若い感性で、実際の社会に暮らしながら社会を観察しています。学生さんとゼミなどで議論するのは研究生活でときとして大変に啓発されるのです。

でも、厳しい議論のあとで孫くらいの年代の学生さんとソフトボールに興じたりビールを飲みながら肩を組んで、校歌や応援歌を歌うのもなかなか楽しいものです。

②

粉《ふん》飾《しよく》決《けつ》算《さん》は
なぜおきるの？

● 普通の会社は利益を小さくみせたいもの

会社が公表する利益は、実際の利益よりも小さく計算されます。利益を小さく計算して公表することによって企業が支払う税金は安くなりますし、また株主に利益を分配する配当も安くてすみます。そのほかにも、従業員の給料や下請会社の工賃の値上げを「利益が少いから」という理由ですえおくことができます。会社は税金、配当、給料などを節約することによってその分をたくわえることができます。産業、企業を充実させるために会計での国の産業、企業への政策的な考えにもとづいて、企業が利益をため込んで、その基盤を充実させるためです。このことは、法律的にも制度的にも保証されています。日本の経済的な発展はこうした産業、企業への政策によって実現されてきました。

● 赤字をごまかして利益を大きくみせようとする粉飾決算

ところが、これとは逆に利益が小さいか、マイナス（赤字）であるにもかかわらず、ごまかして利益を大きく計算して公表することがしばしば行われます。これを粉《ふん》飾《しよく》決《けつ》算《さん》（window dressing）ということはすでに説明しました。赤字になった企業がそのまま赤字を公表すると、「この会社は倒産するかもしれない」ということになって銀行からの借入ができなくなる、また株価が値下がりして新しく株式を発行して追加の資本を集めようとしてもできなくなってしまいます。さらに取引相手の支払を後延ばしにしてくれなくなります。こうした状況を避けるため、あたかも利益があるかのように利益をごまかして公表するのです。

● 粉飾決算は会社を滅ぼしてしまう

日本の最近の粉飾決算の事例をいくつか紹介しましょう。化粧品、繊維事業を営むカネボウの粉飾決算が2005年に明らかになりました。カネボウでは販売店などへ商品の架空の販売、またむりやり商品を売りつけるなどをして、売上がないのに売上があって代金が後日受け取れるかのような会計処理をしました。また実際の商品在庫以上に商品がたくさんあってこれから販売できるかのような処理をしたのです。また、日本長期信用銀行、日本債券信用銀行なども、貸し付けて返済してもらえるはずの債権が実際には相手方の業績不振で回収できなくなっているにもかかわらず、回収することができる債権であるかのように処理して、資産を大きくして、利益を大きく計算しました。

また、アメリカでも電力、ガスなどのエネルギー企業のエンロン、長距離通信会社のワールドコムという有数の企業の粉飾が明らかになって、それぞれ2001年、02年にあいついで破綻しました。

粉飾は始めるやいなやごまかす額を大きくせざるをえない状況になります。というのは、粉飾による架空利益の計上は実際には利益がないにもかかわらず利益についての配当、租税などの負担が課せられることになり、ますます苦しくなってしまいます。そしてますます粉飾が拡大していくことになります。

したがって、粉飾は一度実施されると一般的に長期化または大規模化する傾向があるのです。

● 会計の粉飾を手伝って破綻してしまった大手会計事務所

このような粉飾決算は、親会社と子会社が一体となって帳簿をごまかさないとできません。親会社が粉飾をしようとする場合、主要な内容は、売上の水増ですから、どこで売り上げたかが問われますが、その売上先を子会社にすることになります。子会社も買い入れたかのような粉飾が必要となります。また仕入額を少なくする場合も、他の子会社を使って安く仕入れたかのように粉飾することになります。

また、こういった状況は、会社資料を監査すれば、かなりはっきりとわかることです。したがって企業の決算について監査する公認会計士と企業の癒《ゆ》着《ちやく》がなくては不可能です。粉飾に加担したカネボウの監査を担当した大手の中央青山監査法人の公認会計士には東京地裁で有罪判決が出ました。また、アメリカのエンロンの粉飾決算では会社の監査を担当していたアメリカの大手の会計事務所であるアーサー・アンダーセンが社会的な批判のなかで破綻することになりました。

粉飾決算は、会社とその子会社また会計の報告書を監査する公認会計士事務所が一緒になってごまかすことによって成り立ちます。とくに公認会計士事務所が会社の監査にあたって企業とのなれあいをなくして厳格に行うことが求められています。

企業の公表する会計の報告書は、それらの情報によって株式の売買や、資金の貸付が行われますので、これが、ごまかされたものであるということになれば、日本の株式会社や融資の制度の基本がゆらぐことになります。このために監査制度が根本的に改められなければならないと思いますが、改革がなかなか進まないのが現状です。

あとがき

会計のしくみを、なるべくわかりやすく説明しました。わかりやすく、やさしく説明しましたが、会計の基本的な性格や役割、しくみについて正確に説明させていただきました。

正確にわかりやすく、やさしく説明するのは大変なことだということをあらためて実感しました。唯学書房の村田さんから、この本の話をいただいてから、約2年もかかってしまいました。村田さん、すみませんでした。

執筆中に、この本の企画について大学の友人たちに話すと、「それ、いいねー！」とほとんどの人が言ってくれました。「いいねー！」という中味は、多分、自分の主張を、少しでも関心のある人たちに広く理解してもらうことがすばらしいということでしょう。分析、研究の成果は、発信してこそ意味があるのです。その発信は、専門家へはもちろんですが、より広く多くの人たちにもできればとてもすばらしく楽しいことです。このことは研究者の役割でもあります。

私、学生のころ私の先生である宮川宗弘《みやかわむねひろ》先生のゼミにはじめて出席したときのつぎのような言葉にとても感動しました。

先生は、「ゼミでは、先輩も後輩も教師もない。自由に議論しなさい。少くともゼミのこの時間は平等の立場で自由に議論しなさい」と。

この本を読んでいただいた皆さんは、自由に会計について考えてください。また、会社、産業、経済、社会のしくみについて自由に考えてください。そして、もしできれば、皆さんのご意見、ご感想を出版社によせていただければと思います。

お互いに自由に考え、それを出し合って、お互いに理解し合うことは、学問の基本なのですから。

著者

【著者】大橋 英五（おおはし ひでいつ）

立教大学経済学部教授、立教大学総長。
1942年生まれ。1966年立教大学経済学部経済学科卒業。1971年立教大学大学院経済学研究科博士課程所定単位取得退学。神奈川大学経済学部助教授、立教大学経済学部助教授を経て、1982年同大学同学部教授となる。1998年立教大学総長に就任。2006年に立教大学総長に再任。

〈主な著書〉『企業分析と会計』(共著、学文社、1981年)、『独占企業と減価償却』(大月書店、1985年)、『企業再構築と経営分析』（共編著、ミネルヴァ書房、1990年)、『現代企業と経営分析』（大月書店、1994年)、『社会と会計』（共編著、大月書店、1996年)、『経営分析』（大月書店、2005年）など。他に『木と遊ぶ』（つげ書房新社、2000年)、『ちょっとした話し』（唯学書房、2004年)。

先生教えて！ はじめて学ぶ会計のしくみ

2007年6月8日　第1版第1刷発行

※定価はカバーに
表示してあります。

著　者――大橋 英五

発　行――有限会社 唯学書房
〒101-0061　東京都千代田区三崎町2-6-9　三栄ビル502
TEL　03-3237-7073　　FAX　03-5215-1953
E-mail　hi-asyl@atlas.plala.or.jp

発　売――有限会社 アジール・プロダクション

イラスト――為田 洵

装　幀――大野ユウジ（シー・オーツーデザイン）

印刷・製本――株式会社シナノ

ISBN978-4-902225-34-1 C0034